RHWNG Y PYST

Er gwaetha'r rhwystrau dros y blynyddoedd, mae wedi bod yn werth yr holl drafferth, diolch i Mam, Dad a fy nheulu.

Rhwng y Pyst

OWAIN FÔN WILLIAMS

GYDA LYNN DAVIES

www.owainfonwilliams.com

CYNGOR LLYFRAU CYMRU

ISBN: 978 1 78461 379 2
Argraffiad cyntaf: 2017

© Owain Fôn Williams a'r Lolfa, 2017

Mae Owain Fôn Williams wedi datgan ei hawl dan
Ddeddf Hawlfraint, Dyluniadau a Phatentau 1988
i gael ei gydnabod fel awdur y llyfr hwn.

Mae'r prosiect Stori Sydyn/Quick Reads yng Nghymru
yn cael ei gydlynu gan Gyngor Llyfrau Cymru
a'i gefnogi gan Lywodraeth Cymru.

Argraffwyd a chyhoeddwyd gan
Y Lolfa, Talybont, Ceredigion SY24 5HE
gwefan www.ylolfa.com
e-bost ylolfa@ylolfa.com
ffôn 01970 832 304
ffacs 832782

Cynnwys

1

I'r gogledd pell

AR BRYNHAWN BRAF YM mis Awst 2015 roeddwn i yn y gôl i dîm Inverness Caledonian Thistle yn Celtic Park, Glasgow, yn chwarae yn erbyn Celtic o flaen torf o bron i 50,000. Nhw yw'r tîm gorau yn Uwchgynghrair yr Alban. Roedd o'n brofiad ffantastig ond yn un oedd yn codi ofn hefyd, oherwydd mae'r golwr yn gallu teimlo'n unig iawn weithiau. Pan fo'r chwarae ym mhen arall y cae, mae'r golwr ar ei ben ei hun gan amlaf. Y tu ôl iddo mae torf o rai miloedd o gefnogwyr y tîm arall yn bloeddio am ei waed. Eu gwaith nhw, fel y maen nhw'n ei gweld hi, yw trio achosi cymaint o drafferth â phosib i'r golwr, ac maen nhw'n gobeithio y bydd ei gêm yn dioddef.

Fel arfer, tydy clywed cefnogwyr y tu ôl i'r gôl yn gweiddi arna i, yn fy mygwth ac yn fy rhegi, ddim yn fy mhoeni. Mae hynny'n rhywbeth dwi wedi dod i arfer ag o, a dwi wedi dysgu peidio â gadael i'r fath dactegau effeithio ar y ffordd y bydda i'n chwarae. Ond roedd un adeg yn fy ngyrfa pan fu'n rhaid i mi dynnu sylw'r dyfarnwr at y ffordd roeddwn i'n cael fy hambygio gan gefnogwyr y tîm arall. Roeddwn i'n chwarae yn Brentford i Tranmere Rovers ym mis Ionawr 2013, ac yn ystod y gêm mi ddechreuodd y cefnogwyr cartre, y tu ôl i'r gôl, daflu peli eira ata i!

Ond er gwaetha'r amser caled ges i gan gefnogwyr Celtic y llynedd, mi wnes i fwynhau fy hun yn fawr iawn. Yn ystod y blynyddoedd y bues i'n chwarae yn Lloegr, dim ond ychydig filoedd fyddai'n ein gwylio ni fel arfer. Bellach, roeddwn i'n methu credu beth oedd yn digwydd yn Celtic Park. Roeddwn i, hogyn o Ddyffryn Nantlle, yn cael cystadlu ar gae pêl-droed mor enwog, o flaen cymaint o bobl. Ond doeddwn i ddim yn gwybod ar y pryd bod gwell i ddod!

Roedd rhai pobl, mae'n siŵr, yn meddwl bod fy mhenderfyniad i symud i fyw a chwarae yn Inverness yn un rhyfedd iawn. Ar wahân i glwb pêl-droed Ross County yn nhre Dingwall, ychydig filltiroedd o Inverness, dyma'r clwb proffesiynol sydd bellaf i'r gogledd o blith holl glybiau Prydain. Cyn mynd yno roeddwn i wedi treulio deuddeg mlynedd gyda chlybiau oedd ryw ddwyawr o daith o 'nghartre i ym Mhen-y-groes yn Arfon. Pan oeddwn i'n teimlo fel picio adra mi fyddwn yn gallu neidio i'r car, gwibio ar hyd yr A55 ac mi fyddwn yno mewn chwinciad. Bellach, roeddwn i gannoedd o filltiroedd oddi yno, ynghanol Ucheldir yr Alban.

Yn ystod haf 2015 dwi'n cofio dreifio efo Dad yr holl ffordd yno o Ben-y-groes. Roeddwn i wedi cael cynnig i ymuno â chlwb Inverness pan ddaeth fy nghytundeb i â chlwb Tranmere i ben, ac wedi penderfynu mynd i fyny i Inverness am ychydig ddiwrnodau. Y bwriad oedd profi sut groeso oedd yno a pha safon o bêl-droed y gallwn ei ddisgwyl.

Roedd y daith yn un hir a blinedig. Mi fuon ni'n dreifio am oriau cyn cyrraedd Glasgow. Ond roedd ganddon ni daith o ryw bedair awr arall cyn dod i Inverness! Er bod y ffordd yn eitha prysur am ryw ddwy awr roedd y siwrnai ar ôl cyrraedd Perth yn agoriad llygad – lôn ddistaw efo fawr ddim cerbydau arni, llynnoedd, afonydd, bryniau, coedwigoedd, dyffrynnoedd ac ambell ffatri wisgi!

Roedd y cyfan yn fy atgoffa i o Ddyffryn Nantlle heb y llechi. Oherwydd hynny roedd meddwl am setlo yn y fath ardal yn dechrau apelio. Ar ben hynny roedd 'na resymau yn ymwneud â phêl-droed pam y gallai ymuno â chlwb Inverness fod o fantais i mi. Roeddan nhw newydd ennill Cwpan yr Alban flwyddyn ynghynt, ac felly yn cystadlu am Gwpan Europa yn ystod y tymor oedd i ddod. Roedd hynny'n sicr yn rhywbeth i edrych 'mlaen ato.

Hefyd, roedd Cymro arall o Wynedd, Owain Tudur Jones, wedi mwynhau bod yn aelod o glwb Inverness. Bu'n chwarae yno am ychydig flynyddoedd cyn i mi gyrraedd. Roeddwn i wedi'i glywed o'n disgrifio'r cyfnod hwnnw fel yr amser gorau gafodd o fel pêl-droediwr proffesiynol. Roedd y cefnogwyr wedi cymryd at Owain hefyd. Bob tro y byddai'n gwneud rhywbeth oedd yn plesio, mi fyddan nhw'n bloeddio ei enw mewn cân fach arbennig. Ar ôl bod yn chwarae i Inverness am ychydig mi ges i anrhydedd debyg, gan iddyn nhw newid enw Owain am fy enw i!

Wrth ystyried yr holl fanteision o symud i Inverness, roedd un yn bwysicach o lawer na'r lleill. Roeddwn i am sicrhau y byddai gen i gyfle i ddal i wneud argraff ar ddewiswyr tîm pêl-droed Cymru. Roeddwn i wedi bod yn aelod o'r garfan genedlaethol ers rhai blynyddoedd ac roedd hynny'n gwneud i mi deimlo'n browd iawn. Yn fy meddwl i, dyna'r anrhydedd fwyaf roedd yn bosib i mi ei hennill fel pêl-droediwr proffesiynol. Dyna oedd fy mreuddwyd ers pan oeddwn i'n hogyn bach. Wrth gwrs! Felly, roeddwn i'n mwynhau pob munud o fod gyda charfan Cymru. Ond roeddwn i hefyd wedi dechrau teimlo bod yna rywbeth cyffrous ar fin digwydd, ac roeddwn i eisiau bod yn rhan ohono!

Tan i mi feddwl am fynd i'r Alban roeddwn i wedi treulio fy ngyrfa gyda thimau yn Adrannau 1 a 2 Cynghrair Pêl-droed Lloegr. Pe byddwn i'n ymuno ag Inverness, byddai gen i gyfle i chwarae ar lefel uwch eto. Treuliais ryw dri diwrnod yn ymarfer yng nghlwb Inverness, gan ddod i nabod ychydig ar yr ardal hefyd. Erbyn diwedd y cyfnod hwnnw roeddwn i'n sicr y byddai arwyddo i chwarae i'r clwb yn gam positif iawn i mi. A dyna ddigwyddodd!

Pan ddes i yma gynta, mi arwyddais am flwyddyn yn unig. Roeddwn i'n meddwl mai dyna fyddai'r peth gorau i'w wneud rhag ofn na fyddwn i'n medru setlo yma. A phan ges i'r cynnig i estyn fy nghytundeb, neidiais at y cyfle. Bellach dwi'n bwriadu aros am o leiaf ddwy flynedd arall ar ôl hon. Mi faswn i'n licio gweld un peth yn newid, falla, sef bod tîm Inverness Caledonian Thistle yn denu mwy i'w gweld nhw'n chwarae. Ar hyn o bryd dim ond rhyw 4,000 fydd yn dod i Stadiwm Tulloch Caledonian. Wrth gwrs, mae'r clwb yn un cymharol newydd gan na chafodd ei ffurfio tan 1994, pan ddaeth dau glwb

lleol oedd yn chwarae yng Nghynghrair yr
Ucheldir, sef Caledonian ac Inverness Thistle,
at ei gilydd. Mi wnaethon nhw uno i chwarae
yn Nhrydedd Adran Cynghrair yr Alban o dan
yr enw Caledonian Thistle. Yn raddol, dros
y blynyddoedd, enillodd y tîm newydd ei le
ymhlith goreuon clybiau'r Alban.

Roedd rhywfaint o ddrwgdeimlad rhwng
cefnogwyr y ddau glwb yn y dyddiau cynnar.
Mae hen densiynau yn dal i ddod i'r wyneb o
bryd i'w gilydd! Ond er mwyn cadw cefnogwyr
y ddau dîm yn hapus, cafodd y clwb yr enw
swyddogol Inverness Caledonian Thistle yn
1996, sydd yn golygu fy mod i'n gallu dweud
fy mod i'n chwarae i'r tîm sydd â'r enw hiraf
o'r holl dimau pêl-droed proffesiynol ym
Mhrydain!

2

Apêl yr Alban

Llwyddais yn fy nhymor cynta, 2015–16, i chwarae pob gêm i glwb Inverness. Roedd hyn yn golygu fy mod i'n ddigon lwcus i osgoi cael anaf difrifol. Ond nid felly roedd hi pan oeddwn i'n chwarae yn Lloegr. Ces dderbyniad cynnes iawn o'r cychwyn gan y clwb a'r cefnogwyr a gwnaeth hynny hi'n hawdd iawn i mi setlo yno. Mae fel petai rhyw gwlwm anweledig yn ein tynnu ni'r Celtiaid at ein gilydd. Yn un peth, dwi'n credu ein bod ni'n rhannu'r un math o hiwmor. Wrth gwrs, mae 'na bethau eraill sy'n ein gwneud ni'n debyg i'n gilydd, fel y ffaith fod gan y Cymry a'r Albanwyr eu hiaith eu hunain.

Mae Inverness yn dref o tua 45,000 o bobl, ac mae'n cael ei hystyried yn brifddinas Ucheldir (Highlands) yr Alban. Dwi wedi clywed Gaeleg, iaith frodorol yr Alban, yn cael ei siarad ar y stryd yma. Er hynny, roeddwn i wedi gobeithio ei chlywed hi'n amlach. Roeddwn i'n meddwl ar y dechrau y byddai hi'r un mor amlwg yno ag y mae'r Gymraeg ar y Maes yng Nghaernarfon. Ond erbyn hyn mae'n debyg mai dim ond tua 4.8% o'r 45,000 sy'n medru'r iaith. Eto, mae 'na debygrwydd rhwng y ddwy ardal mewn ffyrdd eraill.

Mae pawb yma mor gartrefol, yn union fel y maen nhw adra yn Nyffryn Nantlle. Nid dyna fel yr oedd hi yn ystod y blynyddoedd y bûm i yn Lloegr. Pan fyddwn i'n cerdded i'r siop yn y fan'no byddai pawb yn meindio'u busnes eu hunain a neb yn torri gair efo fi. Yma, yn Inverness, sylwais yn syth bin y byddai pobl nad oeddwn i'n eu nabod yn sgwrsio efo fi. Mi fyddan nhw'n holi cant a mil o gwestiynau ac yn barod i drafod pob dim dan haul.

Mi fydda i wrth fy modd allan yn yr awyr agored, yn mwynhau'r bywyd gwledig. Mae ardal Inverness yn ardderchog ar gyfer gwneud hynny. Mae'r dre ar lan y Moray Firth a'r Beauly Firth ac mi fydda i a 'mhartner, Claire, yn mwynhau mynd â'r ci am dro ar hyd y traethau hardd sydd o fewn tafliad carreg i'n cartre. Rhyw filltir neu ddwy i lawr y lôn mae Loch Ness ac mae'n braf iawn crwydro yn yr ardal honno weithiau. Pan fyddwn ni'n teimlo fel mentro ychydig ymhellach, mae'n ddigon hawdd mynd i rywle fel Ynys Skye neu i ganolfan awyr agored Aviemore.

Mi faswn i wrth fy modd yn cael mynd i sgio ar lethrau enwog Aviemore, ond yn anffodus tydy ein cytundeb ni'r chwaraewyr gyda chlwb Inverness ddim yn caniatáu i ni wneud hynny. Mae'n hawdd deall hyn oherwydd mae damweiniau'n gallu digwydd yn aml wrth sgio. Wedi'r cyfan, tydy chwaraewr sydd â'i goes mewn plastar am fisoedd yn dda i ddim i glwb pêl-droed! Mae ardal Inverness hefyd, o ran y môr ac o ran yr afonydd lleol, yn ardderchog ar gyfer pysgota. Eto, er fy mod i wrth fy modd yn gwneud hynny, tydw i ddim wedi cael cyfle i roi cynnig arni eto chwaith oherwydd dim ond un haf cyfan sydd wedi mynd heibio ers i mi symud yma i fyw. Treuliais y rhan fwyaf o hwnnw'n gwneud pethau diddorol eraill... yn Ffrainc! Ond mae un peth yn sicr – mi fydd y wialen bysgota yn brysur yn y dyfodol.

Yn ystod y blynyddoedd a aeth heibio, dwi wedi cael cymaint o bleser yn pysgota. Dwi wedi bod yn agos iawn erioed at fy mrodyr, Alun a Gethin, ac roedd ganddon ni gwch ac iddo gaban bychan am nifer o flynyddoedd. Mi fyddan ni'n mynd yn rheolaidd am y Fenai, i ardal Fort Belan a thua castell Caernarfon, i sgota *bass*, ac, yn aml, i ardal Trefor i ddal macrall. Yn ogystal â mwynhau cael hwyl gyda'n gilydd, roedd y golygfeydd mor fendigedig bob amser. Erbyn hyn rydan ni wedi gwerthu'r hen gwch hwnnw. Bellach mae ganddon ni ychydig o gychod RIB, sef cychod gwynt ac iddyn nhw flaen caled. Mae'r rhain yn haws o lawer i'w trin, ac i'w cael i mewn i'r dŵr ac oddi yno.

Dwi'n dal i gael pleser o weld y môr bob dydd. Mae gen i daith o ryw ddeg munud o'r tŷ i Stadiwm Tulloch Caledonian, cartre'r Caley Jags, fel mae'r tîm yn cael ei alw'n lleol. Ar ôl rhyw dri munud yn y car mi fydda i'n croesi pont drawiadol Kessock ar draws y Beauly Firth. Mae'r rhan honno o'r môr yn arwain o'r Moray Firth gerllaw. Yn aml, mi fedra i weld nifer fawr o lamhidyddion (*porpoises*) yn neidio. Mi fyddan nhw'n trio dal y pysgod sy'n dod i lawr afon Ness i'r aber yno. Mae modd gweld dolffiniaid hefyd, gan fod bron i 150 ohonyn nhw'n byw yn ardal y Moray Firth, yn ôl y sôn. Mae hi'n olygfa werth ei gweld, sydd yn denu nifer fawr o ffotograffwyr a thripiau cychod.

Mae harddwch byd natur a bywyd gwyllt o'n cwmpas ni ymhob man yn ardal Inverness. Un diwrnod, tra oeddwn i'n eistedd yn y tŷ, gwelais gysgod tebyg i gi yn pasio'r ffenest. Pan godais i edrych allan mi welwn garw mawr yn yr ardd! Mae eryrod i'w gweld yn yr Ucheldir hefyd ond ches i ddim cyfle hyd yn hyn i fynd i chwilio amdanyn nhw. Dwi'n edrych ymlaen at wneud hynny yn y dyfodol. Yn y rhan hon o'r wlad mae'r sêr i'w gweld yn gliriach o lawer. Yn wir, mi fydda i'n aml yn cael y pleser o weld yr hyn maen nhw'n ei alw yn Northern Lights. Dyna pryd y bydd golau o bob lliw ar adegau yn fflachio'n ddramatig ar draws yr awyr yn ystod y nos. Bydd yn rhaid i mi drio dal y wefr arbennig honno ar ganfas rywdro!

3

Yn yr ysbyty

Y COF CYNTA SYDD gen i o bêl-droed yw cael 'mynd am siot' yn fy welingtons bach coch, efo Alun, Gethin a Dad, i'r cae yn ymyl ein cartre ym Mhen-y-groes. Gan mai fi oedd yr ieuenga o'r tri brawd, fi fel arfer oedd yn gorfod mynd i'r gôl. Roedd hwnnw wedi ei wneud o fetal sgrap o stad ddiwydiannol y pentre. Os oes rhywun yn cael ei orfodi i wneud rhywbeth, fel arfer mae ganddo un o ddau ddewis – un ai pwdu, neu fwrw iddi i drio gwneud ei orau. Felly, cymerais i'r ail ddewis. Roeddwn i'n gallu gweld yn gynnar iawn y baswn i ar fy ennill o fod yn fodlon mynd i'r gôl. Gan nad oedd neb o blith fy mrodyr a'u ffrindiau'n awyddus i wneud hynny, roeddwn i'n sicr o gael gêm bob amser. Hefyd, byddai hynny'n rhoi rhyw hwb i fy hyder i oherwydd roeddwn i, felly, y lleia a'r ieuenga ohonyn nhw, yn ddigon da i chwarae efo'r 'hogia mawr'.

Mi wnes i fwynhau chwarae yn y gôl o'r cychwyn. Dyna oedd fy safle i gyda thîm Ysgol

17

Bro Lleu ym Mhen-y-groes. Mi enillon ni sawl twrnament lleol a minnau'n cael hwyl arni. Mi fyddai hogia'r tîm, a fi yn eu plith, yn edrych ar rai o sêr y byd pêl-droed ar y teledu er mwyn trio bod yr un fath â nhw. Roedd 'na ganlyniadau dramatig i hynny weithiau, er enghraifft mi gafodd gemau terfynol cystadleuaeth Ewro 1996 eu cynnal yn Lloegr. Yn nhîm Rwmania roedd nifer o chwaraewyr wedi lliwio'u gwallt yn las neu'n felyn. Felly mi fyddai 'na olwg reit ryfedd ar ein gwalltiau ni, aelodau o dîm Bro Lleu, bryd hynny, oherwydd mi benderfynon ni y basan ni'n dilyn ffasiwn gwalltiau tîm Rwmania yn ystod y gystadleuaeth!

Fy arwr mawr i o'r byd pêl-droed oedd Peter Schmeichel, golwr Manchester United a thîm cenedlaethol Denmarc. Mi fyddwn yn manteisio ar bob cyfle i'w weld o'n chwarae ar raglenni teledu fel *Match of the Day*. Ond, a minnau'n naw oed, bu'n rhaid anghofio am chwarae pêl-droed am amser hir. Yr adeg honno ces salwch difrifol iawn. Roeddwn i wedi bod yn teimlo'n anhwylus ers peth amser, a Mam wedi bod yn mynd â mi at y doctor lleol sawl gwaith. Doedd gen i ddim nerth i wneud llawer o ddim ac roeddwn i'n teimlo'n reit wan. Dwi'n cofio chwarae yn y gôl mewn gêm yng Nghaernarfon a Dad, yn ôl ei arfer, yn sefyll y tu ôl i mi. Mi fyddai bob amser yn gefn i mi ac yn fy nghanmol i pan fyddai achos i wneud hynny. Ond y diwrnod arbennig hwn roedd o'n gallu gweld nad oedd fy nghalon i yn y gêm. Mi driodd fy annog i i fod yn fwy effro a bywiog, ond heb ryw lawer o lwyddiant.

Roedd hi'n amlwg i fy rhieni bod rhywbeth mawr o'i le arna i. Ar ôl mynd yn ôl i'r syrjeri unwaith eto a gweld doctor gwahanol, mi ges i fy ngyrru'n syth i Ysbyty Gwynedd. Roeddwn i yno am ryw ddeg diwrnod yn cael pob math o brofion a phinnau yn fy ngwythiennau. Dwi'n cofio doctor yn dod amdana i gyda nodwydd oedd tua throedfedd o hyd. Aeth ati i dynnu rhyw stwff tywyll o'm sgyfaint i. Mi gafodd bron litr ohono ond cyn hir roedd y sgyfaint yn llawn stwff eto. Y farn ar y cychwyn oedd bod gen i niwmonia ond bod hwnnw wedi troi yn *empyema* – haint ar y sgyfaint, oedd yn llawer mwy difrifol.

Doedd Ysbyty Gwynedd ddim yn gallu gwneud mwy i mi, ond erbyn hyn roedd fy mywyd i mewn perygl. Ces fy ngyrru ar frys mewn ambiwlans am dri o'r gloch y bore i Ysbyty Alder Hey yn Lerpwl. Daeth Mam efo fi yn yr ambiwlans, a Dad yn dilyn yn ei gar. Mi ges i fynd yn syth i'r theatr lle bu'r doctoriaid yn brysur yn gweithio arna i. Dwi'n cofio deffro

rai oriau wedyn gyda chythral o graith ar fy
ochr, a dau dwll mawr gyda dwy beipan, tebyg i
hosepipes, yn dod ohonyn nhw. Eu gwaith nhw
oedd tynnu hylif o'r sgyfaint i fwced wrth ochr
y gwely. Roedd Dad wedi bod yn eistedd yno
gyda mi drwy'r nos. Roedd arno ofn y baswn
i'n deffro ac yn dychryn o weld yr holl geriach
oedd yn sownd wrtha i.

Roedd fy mreichiau a 'nhraed yn brifo am
amser maith wedyn oherwydd yr holl binnau
gafodd eu sticio yndda i i roi bron ddau litr o
waed i mi yn dilyn y llawdriniaeth. Roeddwn
i'n gorfod aros yn fy ngwely am rai dyddiau
a Mam yn gwmni i mi. Byddai Dad hefyd yn
dod yno'n rheolaidd o Ben-y-groes lle roedd
o'n gorfod edrych ar ôl fy mrodyr. Ond roedd
gen i un broblem fawr pan ddaeth hi'n amser
i Mam roi'r gorau i aros yn yr ysbyty. Doedd
gen i fawr o Saesneg ac roedd cymysgu â'r
hogia eraill ar y ward yn gallu bod yn anodd.
Un broblem arall oedd gen i oedd bod Taid
Amlwch wedi cael poster mawr i mi o Peter
Schmeichel, oedd wedi'i brynu mewn sêl cist
car. Roedd hwnnw uwchben fy ngwely yn y
ward a minnau ynghanol criw o hogia oedd yn
gefnogwyr Lerpwl neu Everton. Ond falla bod
y ffaith fy mod i, fy mrodyr a Dad wedi bod yn
gweld Everton yn chwarae weithiau wedi helpu

i greu rhyw gwlwm rhyngon ni. Eto, dim ond am ei bod hi'n haws cael tocynnau i Goodison yr es i yno. Man U oedd fy nhîm i erioed!

Roedd y nyrsys a'r doctoriaid yno yn wych, ac roedd un digwyddiad arbennig wedi gwneud byd o les imi a chodi fy nghalon i'n fwy na dim arall. Mi ddwedodd y staff wrtha i un diwrnod fod rhywun arbennig o'r byd pêl-droed wedi galw i 'ngweld i. Pwy gerddodd i mewn i'r ward, yn gwisgo tracwisg wen smart dros ben, ond John Barnes. Roedd o'n chwarae i Lerpwl ar y pryd ac yn seren fyd-enwog. Roeddwn i'n methu credu'r peth! John Barnes yn siarad efo fi, hogyn o Ben-y-groes, nad oedd erioed wedi gweld chwaraewr proffesiynol yn agos o'r blaen. Mi eisteddodd efo fi am ryw awr yn sgwrsio am bêl-droed efo'r wên fawr lydan honno ar ei wyneb.

Tra oedd o wrth ochr fy ngwely, mi gerddodd y teulu i mewn – Taid a Nain Amlwch, Alun, Gethin, Dewi, fy nghefnder, Sara, fy nghyfnither, Anti Lilian ac Yncl Peter. Dwi'n credu eu bod nhw wedi cael mwy o sioc na fi o weld John Barnes yno ac fe gawson nhw fwynhau ei gwmni hefyd. O'r diwrnod hwnnw mi ddechreuais i wella go iawn. Roedd cael cwrdd â'r fath seren wedi bod yn hwb mawr i mi, ac mi wnaeth y profiad i mi feddwl yn wahanol am bêl-droedwyr. Ar y teledu, roeddan nhw'n ymddangos fel duwiau, ond o weld John Barnes yn cymysgu efo pawb ar y ward mi sylweddolais eu bod nhw 'run fath â phawb arall mewn gwirionedd.

Roedd gan Mam a Dad gyfraniad pwysig hefyd i 'nghael i i wella. Mi dreulion nhw oriau lawer yn chwarae gemau chwythu efo fi yn y ward i gryfhau'r sgyfaint. Mi fyddan nhw hefyd yn fy nghael i wneud profion yn rheolaidd fyddai'n mesur nerth fy ngwynt. Efo'u cefnogaeth nhw, felly, mi ges i fynd adra yn gynt o lawer na'r disgwyl.

Ar ôl ychydig o fisoedd adra mi ddechreuais wisgo'r menyg yn y gôl unwaith eto. Byddai Dad ar ôl gwaith yn mynd â fi i'r cae i chwarae efo pêl sbwng i ddechrau. Yna mi fyddan ni'n symud ymlaen i ddefnyddio pêl drymach. Dim ond y fo oedd yn cael taro'r bêl ata i ar y cychwyn. Byddai fy mrodyr yn sicr o roi ergyd ry galed iddi! Doeddwn i ddim chwaith yn cael deifio am dipyn ar yr ochr lle ces i'r llawdriniaeth. Felly roeddwn i'n cael pob gofal er mwyn medru ailgydio yn fy ngyrfa gyda thîm dan 11 Nantlle Vale.

Mi fûm i'n chwarae hefyd efo tîm arall yn y pentre, mewn cystadleuaeth dan do, sef tîm ysgol Sul Soar. Mi fyddwn yn mynd i'r ysgol Sul yn rheolaidd bryd hynny a chael tipyn o hwyl efo'r tîm hwnnw, a thipyn o lwyddiant hefyd, wrth i ni ennill pencampwriaeth ysgolion Sul Cymru. Y fi oedd yr ieuenga yn y tîm ac wedi ennill fy lle bellach am fy mod i'n ddigon da. Yn y gorffennol roeddwn i wedi cael chwarae am fod gen i frodyr hŷn yn y giang. Ymhen blwyddyn neu ddwy roeddwn i'n symud i fyny i gadw gôl i dîm dan 13 Nantlle Vale.

4

Denu sylw

PAN SYMUDAIS I YSGOL Uwchradd Dyffryn Nantlle, yr athro addysg gorfforol oedd yn gofalu am dreialon ar gyfer tîm dan 13 Arfon. Roedd y tri chwaraewr gorau o bob ysgol fel arfer yn cael mynd i'r treialon, ond ches i ddim fy newis yn un o'r tri o Ysgol Dyffryn Nantlle. Yn ffodus i mi, bu'n rhaid i un o'r tri dynnu allan am ei fod o'n rhy hen o fis. Mi ges i fynd yn ei le, ac yn y pen draw y fi oedd yr unig un o'r tri o'n hysgol ni gafodd ei ddewis i dîm Arfon.

Yn y gêm gynta chwaraeais i dros Arfon roedd 'na ddyn yn sefyll y tu ôl i'r gôl lle roeddwn i. Cyn hynny, yr unig berson roeddwn i'n arfer ei weld y tu ôl i'r gôl oedd Dad! Ar ddiwedd y gêm dyma fo'n dod ata i a chyflwyno ei hun fel Dave Nickless, sgowt i Man U a Chymru. Gofynnodd a oedd fy rhieni o gwmpas. Gan nad oeddan nhw yno ar y diwrnod arbennig hwnnw dyma fo'n gofyn am ein rhif ffôn ni adra. Doedd fy Saesneg i ddim yn arbennig o dda hyd yn oed yr adeg honno, ac ar y ffordd adra o'r gêm roeddwn i'n meddwl fy mod i wedi camddeall beth oedd wedi ei ddweud wrtha i. Ond yn y man daeth gwahoddiad i mi fynd i Erddi Soffia yng Nghaerdydd i ymarfer gyda thîm dan 14 Cymru. Tra oeddwn i yno, dyma Dave Nickless yn gofyn a faswn i'n licio mynd i glwb Man U er mwyn iddyn nhw gael cyfle i fy asesu yno.

Doedd dim angen gofyn ddwywaith – roeddwn i wedi mopio. Bob gwyliau ysgol o hynny ymlaen, am ychydig flynyddoedd, mi fyddwn yn mynd i ymarfer gyda Man U, i'w canolfan ymarfer yn Carrington, rhyw ddeng milltir o Old Trafford, oedd newydd ei hagor. Roeddwn i'n rhyfeddu at yr adnoddau oedd yno. Yn y prif adeilad roedd campfa, traciau rhedeg, cyrtiau sgwash a phêl-fasged, pwll nofio, pyllau hydrotherapi, spa, jacuzzi, stafelloedd sauna a stêm, gwelyau haul ar gyfer sicrhau digon o fitamin D i'r corff, stafelloedd yoga, swyddfeydd, rhyw hanner dwsin o stafelloedd newid a stafelloedd cit, stafelloedd a gwelyau ffisiotherapi, stafelloedd cynadledda, lolfa i'r chwaraewyr, stafell ar gyfer gemau a hamddena, oriel oedd yn edrych allan dros nifer o gaeau chwarae awyr agored, a lle bwyta ar gyfer nifer fawr o bobl.

Roedd adeilad arbennig yno ar gyfer Academi'r clwb fyddai hefyd yn cael ei ddefnyddio gan y bobl ifainc fyddai'n dod yno i ymarfer. Roedd dwy lefel i adeilad yr Academi. Ar y llawr roedd cae dan do o faint llawn. Roedd hefyd gae awyr agored ac iddo lifoleuadau oedd wedi ei gynllunio i fod yr un maint yn union ag Old Trafford. Roedd nifer o stafelloedd newid, stafelloedd ffisio, a stafelloedd trafod a thrin anafiadau, ac ar y llawr cynta roedd orielau oedd yn edrych allan dros y cae dan do a'r cae awyr agored, a lolfa i ymwelwyr a rhieni. Tydw i ddim yn siŵr faint o staff oedd yn gweithio yn Carrington bryd hynny, ond yn ôl y sôn mae tua 300 yn gweithio yno bob dydd erbyn hyn.

Doeddwn i ddim yn cael arwyddo i Man U oherwydd yn ôl y rheolau roedd yn rhaid i chwaraewyr ifainc fyw o fewn awr a hanner o daith i unrhyw glwb. Felly, mi fyddwn i'n teithio i Carrington bob gwyliau ysgol gyda Hugh Roberts ('Hugh Man U') o'r Groeslon, oedd yn ei wythdegau, yn ei Volvo. Roedd o'n un o sgowtiaid y clwb ac yn adnabyddus yn y byd pêl-droed trwy ogledd Cymru. Y fo oedd yr un a gyflwynodd y Mark Hughes ifanc i Man U.

Am ryw dair blynedd ces fy nhrin fel

brenin bach gan Man U. Mi fyddwn yn cael hyfforddiant yno ac yn chwarae i'r tîm 14–15 oed. Ar ôl cefnogi Man U erioed roeddwn i bellach yn cael gwisgo a chadw cit y clwb i gyd. Doeddwn i ddim yn gallu credu sut roedd fy myd i wedi newid. Cyn hynny mi fyddwn i wedi arfer â gwisgo hen grysau pêl-droed ar ôl fy mrodyr!

Yn ystod y cyfnodau roeddwn i yno, byddwn i'n aros mewn llety oedd wedi cael ei ddewis gan y clwb ac yn cael y dillad a'r bwyd gorau. Pan oeddan ni'n mynd i ffwrdd i chwarae roeddan ni'n aml yn aros mewn gwestai arbennig o braf. Ar y cae ymarfer mi fyddwn i weithiau yn yr un cwmni â Ryan Giggs a David Beckham, ac yn aml yn cael cinio gyda nhw a rhai o sêr eraill y clwb. Roedd hi'n anodd credu fy mod i un diwrnod yn cicio pêl efo fy ffrindiau ar gae Ysgol Dyffryn Nantlle, a thrannoeth fy mod i yn y gôl yn Carrington a Diego Forlán a Ruud van Nistelrooy yn ymarfer saethu yn fy erbyn i!

Dwi'n cofio, yn y dyddiau cynnar, un o hyfforddwyr y gôl-geidwaid yn y clwb yn cael sgwrs efo fi a Dad ac Alun ynghylch sut roeddwn i'n dod ymlaen yno. Roedd o'n pryderu nad oeddwn i'n tyfu'n ddigon cyflym, fel pe bai hynny'n ffactor y byddai'r clwb yn ei ystyried wrth benderfynu ar fy nyfodol i yno.

"Perhaps," meddai, "as a family you tend to be short, in which case, Owain, you might not grow tall enough to make it as a goalie."

Mae'n amlwg fod Dad, o glywed hyn, yn gweld fy nyfodol i gyda Man U yn diflannu. Er mawr hwyl i ni wedyn dyma fo'n sibrwd dros ei ysgwydd i gyfeiriad Alun, oedd yn sefyll yn y cefndir,

"Safa ar flaena dy draed reit sydyn!"

Fel mae'n digwydd, mi gafodd yr hyfforddwyr eu synnu faint dyfais i yn ystod y flwyddyn wedyn. Ond doedd hynny ddim yn ddigon i wneud iddyn nhw fy nghadw i ar lyfrau Man U. Yn ystod y tymor hwnnw roeddwn i fod i fynd i ffwrdd, ar ddydd Sul, i Bisham Abbey, canolfan chwaraeon enwog yn Berkshire ar gyfer timau a chlybiau chwaraeon o bob math, am wythnos i gystadlu mewn twrnament pêl-droed. Ar y nos Iau cyn mynd, dyma fi'n gofyn i Dad a Gethin ddod efo fi am siot i gae rygbi'r ysgol ym Mhen-y-groes. Ceisiodd Dad fy mherswadio i beidio oherwydd roedd hi'n tywallt y glaw. Ond roeddwn i'n benderfynol o fanteisio ar bob cyfle i ymarfer, a gweithio'n galed i gyrraedd yr un safon â'r hogia eraill yn y tîm yn Man U. Roedd y rhan fwyaf ohonyn nhw yn ymarfer yn Carrington bedwar diwrnod bob wythnos drwy'r flwyddyn. Felly, pan oeddwn i adra ym Mhen-y-groes, mi fyddwn i'n trio ymarfer bob dydd. Ond nid yn unig gyda phêl. Mi fyddwn i hefyd wrthi am oriau yn trio meistroli sgipio a pherffeithio tin dros ben!

Roedd y sesiwn ymarfer weithiau yn y cae y tu cefn i'r tŷ. Erbyn hynny roeddan ni wedi adeiladu gôl mwy o lawer. Roedd Taid Amlwch wedi sgrifennu at gwmni sgaffaldiau yn Amlwch yn dweud fy mod i'n golwr addawol, mor addawol fel bod Man U yn awyddus i 'nghymryd i ar eu llyfrau! Dyma fi'n cyrraedd adra o'r ysgol rhyw ddiwrnod a gweld bod y gwaith o roi nifer o sgaffaldiau wrth ei gilydd ar gychwyn. Yn ogystal â hynny roedd Taid wedi cael gafael ar hen rwyd bysgota fawr i'w rhoi y tu ôl iddyn nhw. Felly, roedd gen i gôl go iawn, 8 troedfedd o uchder a 24 troedfedd ar draws, i ymarfer. Mae'r gôl yn dal yn y cae hyd heddiw, ond erbyn hyn yr unig ddefnydd sydd iddo yw bod yn grafwr cefn i'r gwartheg sydd yn pori yno!

Weithiau roedd angen mwy o le i roi prawf go iawn ar y golwr, fel cae rygbi'r ysgol. Yn anffodus, ar y nos Iau arbennig honno, roedd y Cyngor newydd dorri'r gwair yno. Wrth i

mi lithro wrth wneud arbediad mi drawodd
y bêl fy llaw mewn man annisgwyl. Torrais fy
mraich a bu'n rhaid i Man U gael golwr arall i
fynd i Bisham Abbey yn fy lle i. Yn y pen draw,
y golwr hwnnw gafodd ei arwyddo a daeth fy
nghyfnod i efo Man U i ben. Roedd hynny'n
siom enfawr, ond cyn hir fe wnaeth sgowtiaid
lleol i glybiau Lerpwl, Everton a Wolves ofyn
i mi fynd yno ar dreial. Felly, am beth amser,
mi fyddai Dad yn mynd â fi ar hyd yr A55 bob
nos Fawrth a nos Iau i ymarfer gyda Lerpwl ac
Everton bob yn ail. Byddwn hefyd yn mynd i
Wolves bob gwyliau ysgol. Dwn i ddim a oedd
fy ffrindiau'n genfigennus, ond yn sicr mi
fasan nhw wedi licio newid lle efo fi wrth fy
ngweld i'n gadael yr ysgol yn gynnar er mwyn
teithio i Lerpwl bob wythnos.

Ond roedd hi'n daith ddiflas ac mi fyddwn i,
fel arfer, yn syrthio i gysgu erbyn ffordd osgoi
y Felinheli ac yn deffro'n braf yr ochr draw i
Queensferry! Polisi Dad oedd cadw pob drws
yn agored drwy fynd â fi i wahanol glybiau. Yn
wir, mi ddois i ar draws hogia oedd wedi bod
efo'r un clwb am flynyddoedd, dim ond i gael
eu gwrthod a'u siomi yn y diwedd.

Tra oeddwn i yn Lerpwl rywdro ces sgwrs
efo golwr ifanc o Nefyn, Mathew Parry. Mi
ddwedodd wrtha i ei fod o'n drydydd dewis

fel golwr i dîm Lerpwl ar y pryd. Dwi'n cofio ei weld o ryw bythefnos wedyn ac roedd o'n reit ddigalon oherwydd roedd o wedi disgyn i fod yn seithfed dewis, sy'n pwysleisio'r ffaith fod gyrfa pêl-droediwr proffesiynol, yn enwedig golwr, yn gallu bod yn un ansicr ac annheg. Yn ystod y cyfnod hwnnw roedd y clwb wedi prynu Jerzy Dudek, a aeth ymlaen i chwarae 127 o weithiau i Lerpwl dros gyfnod o chwe blynedd. Roeddan nhw hefyd wedi ychwanegu Chris Kirkland, a gafodd un cap dros Loegr, at y rhestr o gôl-geidwaid oedd ar lyfrau'r clwb.

Pan gyrhaeddais 16 oed mi ges gynnig cytundeb gan Lerpwl. Roedd Dad o'r farn ei bod hi'n bryd i mi feddwl am ffordd arall o drio cael gyrfa fel chwaraewr proffesiynol. Roeddwn i bob amser yn barod i wrando arno oherwydd roedd ganddo brofiad personol o'r byd pêl-droed. Mi fu ar un adeg yn chwarae i dîm Bangor yn y Northern Premier League ac mi fu'n rheolwr ar dîm lleol Nantlle Vale, ymysg eraill. Eglurodd fod gan glybiau fel Man U a Lerpwl ddigon o bres ac adnoddau i ddenu rhai o gôl-geidwaid gorau'r byd, felly os oeddwn i am glymu fy hun i glybiau fel hynny mi fyddai'n rhaid i mi fod yn barod i gael fy siomi rywbryd yn fy ngyrfa. Awgrymodd y byddai'n well pe bawn i'n meddwl am ymuno â chlwb lle baswn i'n debyg o gael gwell cyfle i ddatblygu. A dyna ddigwyddodd.

5

Chwaraewr proffesiynol

Tua'r cyfnod yma roedd dau sgowt o glwb Crewe Alexandra – Elfed Williams o Drefor a Gus Williams o Langefni – eisiau i mi fynd i ymarfer gyda'r clwb. Roeddan nhw ar y pryd yn chwarae yn Adran 1 Cynghrair Lloegr (a gafodd ei henwi'n fuan wedyn yn Bencampwriaeth Cynghrair Lloegr) ac yn enwog am ddatblygu talentau hogia ifainc o dan y rheolwr, Dario Gradi. Cynigiodd y clwb ysgoloriaeth i mi am dair blynedd. Roedd hynny'n golygu y baswn i'n ymarfer ar ddydd Llun ac am hanner diwrnod ar y dydd Mawrth (gan y byddwn i'n treulio hanner arall y diwrnod hwnnw yn astudio celf mewn coleg lleol). Roeddan ni'n cael y dydd Mercher i ffwrdd ac yna'n treulio'r dydd Iau yn y coleg. Roedd dydd Gwener yn ddiwrnod ymarfer ac ar y dydd Sadwrn mi fyddwn i'n chwarae gêm i dîm ieuenctid Crewe. Ddydd Sul, mi fyddwn i adra ym Mhen-y-groes.

Roeddwn i'n aros mewn llety yn Crewe. Roedd byw oddi cartre am y tro cynta, a minnau ddim ond yn 16 oed, yn brofiad dieithr iawn. Roeddwn i'n symud i ddinas boblog, brysur, a minnau wedi arfer â bywyd tawel, gwledig Dyffryn Nantlle. Ac roeddwn i'n colli fy nheulu a ninnau wedi bod mor agos erioed. Hyd yn oed heddiw, a minnau ym mhen draw'r Alban, mi fyddwn ni'n ffonio'n gilydd bob dydd.

Un arfer arall roeddwn i'n ei golli, er bod hyn yn swnio'n rhyfedd, oedd cerdded i'r ysgol efo Mam bob dydd. Ers i mi gychwyn mynd i'r ysgol mi fyddai'r ddau ohonon ni'n mynd efo'n gilydd, a byddai hynny'n digwydd yn rheolaidd tan i mi adael yr ysgol i fynd i Crewe. O edrych yn ôl faswn i ddim wedi newid dim ar yr arfer hwnnw.

Rhywbeth arall roedd yn rhaid i mi ddod i arfer efo fo oedd siarad Saesneg. Roeddwn i wedi gorfod gwneud hynny pan oeddwn i yn Man U a Lerpwl ond roedd hyn yn wahanol. Doeddwn i ddim yn hoff o siarad yr iaith, hyd yn oed yn ystod y gwersi Saesneg yn Ysgol Dyffryn Nantlle. Weithiau byddai'r athrawes yn gofyn cwestiwn i mi, er enghraifft am y llyfr *Of Mice and Men*, yn Saesneg. Ond mi fyddwn yn ateb yn Gymraeg, neu ddim yn ateb o gwbl!

"Owain, will you please answer in English?!" fyddai ei hymateb hi fel arfer! Ymhen tipyn, mi ddes i deimlo ei bod hi'n biti na faswn i wedi ymarfer mwy ar fy Saesneg pan oeddwn i'n iau.

Roeddwn i'n mwynhau chwarae i dimau ieuenctid Crewe. Yn anffodus, tra oeddwn i yn y gôl i'r tîm dan 19 un diwrnod, ces anaf reit ddrwg. Er nad oedd hyn yn ddoniol ar y pryd, mae'r teulu wedi chwerthin tipyn amdano ers hynny. Roeddwn i'n chwarae yn erbyn tîm cryf iawn o glwb Manchester City. Yn y gôl iddyn nhw, yn eironig, roedd Kasper Schmeichel, mab fy arwr mawr i pan oeddwn i'n blentyn. Un arall o sêr eu tîm nhw oedd Micah Richards, a aeth ymlaen i chwarae 179 o weithiau i Man City a sawl gwaith i Loegr. Yn ystod y gêm fe wnaeth y ddau ohonom fynd am yr un bêl hir i lawr y cae. Rhoddais fy nghoes allan i flocio'r bêl wrth iddo yntau fynd amdani hefyd. Ac mi glywais i'r glec. A minnau mewn cythral o boen ceisiais sefyll, ond roedd yn rhaid i mi eistedd yn syth. Codais fy nghoes a gweld mai dim ond fy *shin pad* oedd yn ei dal hi wrth ei gilydd. Roedd y rhan isaf ohoni yn hongian yn llipa o dan y ben-glin. Roeddwn wedi torri esgyrn y *tibia* a'r *fibula*.

Tra oeddwn i ar y llawr yn disgwyl am sylw meddygol mi welwn ambiwlans yn cyrraedd. Ond yn lle dod ata i mi aeth y dynion ambiwlans yn syth i'r eisteddle i dendio ar rywun yn fan'no. Rhegais dan fy ngwynt a minnau'n amlwg wedi cael anaf difrifol. Ond mi glywais wedyn mai'r rheswm yr aethon nhw i'r eisteddle, yn lle dod ata i, oedd bod Dad wedi llewygu yno! Roedd pawb yn meddwl ei fod o wedi cael trawiad ar y galon! Pan welodd yr olwg oedd ar fy nghoes i, mi aeth allan fel matsian! Gwelodd fi'n cael sawl anaf yn ystod fy ngyrfa, gan lewygu ar adegau eraill hefyd. Ond bu'n fy nghefnogi trwy bob dim. Mi ddaliodd bob pêl efo mi, blocio pob ergyd a dioddef pob poen.

Ar ôl yr anaf hwnnw yn erbyn Man City roeddwn i mewn plastar am dri mis ac allan o bêl-droed am tua blwyddyn. Treuliais yr amser adra ym Mhen-y-groes ac ar fy maglau am dipyn go lew. Wedi i'r ysgoloriaeth gyda Crewe ddod i ben arwyddais i'r clwb am ddwy flynedd arall. Ond erbyn diwedd y cyfnod hwnnw roeddwn i'n teimlo y dylwn i chwilio am glwb arall, rhywle fyddai'n cynnig profiad i mi fel golwr i'r tîm cynta. Roeddwn i wedi laru bod ar y fainc o hyd, a minnau'n gwybod fy mod i'n ddigon da i fod yn y tîm cynta. Er i Dario Gradi addo gêm i mi yn y gôl i'r tîm cynta yn Crewe, ddigwyddodd hynny ddim, oedd yn dipyn o siom. Roeddwn i'n dod o gefndir lle byddai pobl oedd yn addo rhywbeth yn cadw at eu gair. Yn anffodus, tydy hynny ddim bob amser yn wir yn y byd pêl-droed.

Felly, penderfynais adael Crewe ac mi ges gynnig i ymuno â chlybiau Abertawe a Stockport. Ond roeddwn i'n gwybod mai'r dewis cynta bryd hynny ar y Liberty oedd y golwr ardderchog o'r Iseldiroedd, Dorus de Vries. Pan chwaraeais i Inverness yn erbyn Celtic yn gynharach y tymor hwn, de Vries oedd yn y gôl iddyn nhw. Ond petawn i'n mynd i Stockport, oedd yn chwarae yn Adran 1, mi fyddwn yn ddewis cynta. Ar ben hynny roedd Abertawe tua phedair awr o daith o Ddyffryn Nantlle, a Stockport ddim ond rhyw ddwy awr i ffwrdd. Roedd fy nghyfaill, Wayne Hennessey, wedi bod yno ar fenthyg am gyfnod, felly ar ôl cael gair efo fo arwyddais i Stockport ar gyfer tymor 2008–09.

Yn eironig iawn, yn ystod y tymor cynta hwnnw, a minnau wedi cael fy ngalw i garfan dan 21 Cymru, daeth Fraser Forster yno ar fenthyg gan fy nghadw i allan o'r tîm am ychydig o gemau. Y fo yw golwr Southampton erbyn hyn ac mae wedi cael sawl cap i Loegr. Ond wedi i mi ennill fy lle yn y tîm cynta ces dymor llwyddiannus iawn yn Stockport. Yn wir, mi ges fy newis yn Chwaraewr y Flwyddyn yno. Roedd sôn y baswn i'n cael fy ngwerthu i glwb yn yr Uwchgynghrair, fel Newcastle neu Blackburn – mae'n debyg bod Stockport mewn trafferthion ariannol ac roedd angen y pres arnyn nhw – ond ddigwyddodd hynny ddim.

Roeddwn i'n hapus iawn yno, ond roedd y tymor wedyn yn un anodd a disgyn wnaeth y clwb o Adran 1 i Adran 2. Bellach, roeddan nhw'n trio cael gwared ar chwaraewyr er mwyn arbed arian. Roedd o'n gyfnod diflas iawn ac mi es i Bury ar fenthyg am ychydig wythnosau. Yna, ym mis Ionawr 2011, ar ôl chwarae dros 80 o gemau i Stockport, arwyddais i glwb Rochdale. Mi ges i dipyn o hwyl arni yno gan chwarae mewn 22 o gemau i'r clwb yn Adran 1. Yn hanner y gemau hynny wnaethon ni ddim ildio gôl o gwbl ac mi orffennon ni yn y seithfed safle.

Erbyn y tymor wedyn, 2011–12, roedd hyfforddwr y gôl-geidwaid fu efo fi yn Stockport wedi symud i glwb Tranmere yn Adran 1. Roedd o'n awyddus iawn i mi ymuno efo fo yn y clwb hwnnw ac arwyddais gytundeb am ddwy flynedd. Yn anffodus, fe wnaeth anafiadau fy nghadw i allan o'r tîm am nifer o wythnosau yn ystod y tymor cynta hwnnw. Er y bu'n rhaid i mi gael llawdriniaeth ar ôl torri fy mawd, mi lwyddais i chwarae i'r tîm cynta 35 o weithiau.

Mi gawson ni hwyl reit dda arni fel tîm ac roeddan ni ar frig yr adran am gyfnod.

Roeddwn i wrth fy modd yno a'r tymor wedyn chwaraeais 45 o weithiau i'r tîm cynta. Ddiwedd y tymor mi ges gytundeb gan y clwb am ddwy flynedd arall. Ond am y rhan fwyaf o'r tymor roedd yn rhaid i Tranmere frwydro'n galed i osgoi disgyn i'r Ail Adran. Er hynny, roeddwn i'n teimlo bod fy ngwaith i yn y gôl wedi bod yn foddhaol. Yn wir, ym mis Chwefror 2014, ces fy enwebu ar gyfer gwobr Chwaraewr Gorau'r Mis yn Adran 1.

Ond, gwaetha'r modd, disgyn i Adran 2 wnaeth Tranmere ddiwedd y tymor hwnnw. Ychydig fisoedd cyn hynny mi ddaeth cwmwl mawr du dros y clwb am sawl rheswm. Oherwydd sgandal betio mi gafodd ein rheolwr ei ddiswyddo a'i gosbi gan yr FA. Roedd y Cadeirydd yn awyddus i werthu'r clwb ac roedd y tîm yn colli gemau'n gyson. Roedd fy nghytundeb yn caniatáu i mi symud i glwb newydd ar ôl hynny. Roedd 'na sôn y baswn i'n mynd i Ipswich neu Blackpool, a ches gyfarfod gyda rheolwyr y ddau glwb, sef Mick McCarthy a Paul Ince. Ond mi fethon nhw â 'mherswadio i i symud o Tranmere.

Felly, aros wnes i yn Prenton Park. Roedd gen i nifer o ffrindiau yno ac roedd o mor gyfleus

i Ben-y-groes. Ond, yn anffodus, wnaeth y
clwb ddim trio gwella'r sefyllfa trwy gryfhau'r
garfan. Aeth pethau ar i lawr ac ar ddiwedd y
tymor wedyn, disgyn wnaethon nhw. Bellach
roeddan nhw wedi colli eu lle yn y Gynghrair
Bêl-droed ac yng nghynghrair y Conference.
Roedd hynny'n gymaint o biti achos mae o'n
glwb mor fawr. Yn y Gynghrair mae eu lle nhw
a gobeithio y gwelwn ni nhw'n ôl yno cyn
bo hir. Felly, ar ôl pedair blynedd hapus gyda
Tranmere, roedd rhaid i mi chwilio am glwb
newydd. Dyna pryd y penderfynais i symud i
wlad arall... i'r Alban.

6

Hamdden

PAN OEDDWN I'N FACH roedd gen i ddau obsesiwn.
Y cynta, wrth gwrs, oedd pêl-droed, a'r ail oedd
arlunio. Ond ar adegau roedd y ddau yn un,
oherwydd yr hyn fyddwn i'n hoff o'i wneud
yn bennaf oedd gwneud lluniau o fenyg golwr.
Mi fyddwn yn rhedeg pensel o gwmpas fy llaw
ac yn defnyddio'r ffrâm honno fel patrwm i
wneud llun o fenyg. Yn fy meddwl i, lluniau
oeddan nhw o fenyg ar gyfer Peter Schmeichel.
Ond roedd yn rhaid iddyn nhw fod yn fenyg
y baswn i'n licio eu gwisgo hefyd! Un o fy
nghampweithiau arlunio cynnar i oedd pâr
o sgidiau pêl-droed. Roeddan nhw'n apelio
mwy ata i fel testun na'r powlenni ffrwythau y
byddai'r hen feistri yn eu peintio!

Roeddwn i'n licio arlunio hyd yn oed
yn Ysgol Bro Lleu, ac mae rhai o'r lluniau
cynnar wnes i adra gan Mam hyd heddiw. Pan
symudais i Ysgol Dyffryn Nantlle dechreuais
gymryd mwy o ddiddordeb yn y pwnc. Roedd
gen i athro gwych, sef Wil Jones (Wil Art i ni!),

ac roedd o'n gymorth mawr i mi. Mi fyddwn yn astudio gweithiau arlunwyr adnabyddus, a chael fy annog gan yr athro i arbrofi drwy drio dilyn arddull arlunwyr gwahanol.

Mae teulu Mam yn dod o Amlwch ac mi fyddan ni'n mynd am drip bob dydd Sul i Sir Fôn i'w gweld nhw, ac yn ymweld ag Oriel Môn yn Llangefni ar y ffordd yno. Bob hyn a hyn mi fyddai arddangosfa gan arlunydd newydd, ac mi fyddwn yn cael tipyn o bleser o weld gwaith rhywun oedd yn defnyddio technegau gwahanol.

Un diwrnod aethom i weld arddangosfa gan yr arlunydd enwog, Kyffin Williams. Dwi'n cofio sefyll o flaen un o'i ddarluniau mwyaf, oedd yn werth degau o filoedd o bunnoedd. Doeddwn i ddim yn gallu gweld dim byd yn y llun. Doedd o'n gwneud dim i fi. Cerddais wedyn i ochr arall y stafell a throi i edrych ar y llun hwnnw. Roedd o'n anhygoel. Llun o'r môr oedd o, ac ar unwaith roeddwn i'n gallu gweld beth oedd yr arlunydd yn trio'i gyfleu. Daeth y llun yn fyw o flaen fy llygaid. Eto, o sefyll ryw fetr yn unig o'i flaen, roeddwn yn cael yr argraff fod yr arlunydd wedi lluchio paent at y canfas rywsut rywsut. Roeddwn i'n rhyfeddu at ddawn yr arlunydd i allu cyflawni'r fath gamp.

Chymerais i erioed ran mewn unrhyw gystadleuaeth arlunio, ond llwyddais i basio Celf yn fy arholiadau TGAU. Roedd Wil Art am i mi astudio'r pwnc ar gyfer Lefel A ond erbyn hynny roeddwn i wedi clywed bod Crewe am gynnig ysgoloriaeth i mi. Mi wnaeth Wil drio perswadio Dad i 'nghael i i ymuno â chlwb Wrecsam yn lle mynd dros y ffin. Yn ei feddwl o, mi allwn i wedyn ddal ati i astudio Celf yn Ysgol Dyffryn Nantlle wrth gael hyfforddiant ar y Cae Ras. Ar y llaw arall, 'mynd amdani' oedd cyngor fy athro addysg gorfforol erbyn hynny, Ian Arwel, sydd bellach yn ffrind da. Felly, mi benderfynais fanteisio'n llawn ar gynnig Crewe a chofrestru i ddilyn cwrs Lefel A Arlunio yng Ngholeg South Cheshire.

Ond doedd dilyn y cwrs hwnnw ddim yn hawdd, am nifer o resymau. Doedd gen i ddim llawer o amser i'w roi i'r gwaith celf ac roedd yr hen broblem o orfod astudio trwy gyfrwng y Saesneg yn gwneud pethau'n anodd braidd. A doedd gen i ddim lle i gadw'r holl ddarluniau roeddwn i'n eu gwneud ar y cwrs. Roeddwn i'n byw gyda theulu mewn llety yn Crewe, felly fedrwn i ddim yn hawdd iawn adael fy ngwaith o gwmpas y lle yn nhŷ rhywun arall. Roedd hi'n wahanol iawn pan oeddwn i adra ym Mhen-y-groes. Yn wir, roedd fy ngwaith celf i yn sychu ar bob wal yno! Doedd dim gwahaniaeth gan Mam. A dweud y gwir, roedd hi'n falch iawn fy mod i'n gwneud rhywbeth heblaw chwarae pêl-droed weithiau!

Dwi'n licio cael digon o le i roi fy lluniau am un rheswm pwysig iawn. Pan fydda i'n peintio mi fydda i'n licio gadael darlun am dipyn, yn hytrach na bod ynghlwm wrtho am oriau lawer. Weithiau, mae'n ddigon i mi fod wrthi am hanner awr yn unig cyn troi at rywbeth arall. Wrth aros efo llun yn rhy hir mae'r llygaid yn addasu i'r hyn sy'n digwydd ar y canfas. Dylai'r arlunydd fod yn ymateb i'r hyn sy'n digwydd yn ei feddwl.

Rhyw dair blynedd yn ôl prynais dŷ ar y Wirral. Roedd y waliau yno'n foel, felly roedd yn rhaid i mi gael lluniau i'w rhoi arnyn nhw. Tydw i ddim yn licio ffotograffau ar waliau mewn tŷ. Efo ffotograff, rydach chi'n gweld yr hyn sydd o'ch blaen chi, a dyna i gyd. Mae'n well gen i gael lluniau olew ar ganfas fel y gall fy nychymyg weld rhywbeth gwahanol bob tro. Mae llun gwreiddiol fel llun o'r môr, gan ei fod o'n newid yn gyson, ac iddo fwy o ddyfnder na'r hyn y byddwch chi'n ei weld ar yr wyneb.

Ar ôl gorffen y cwrs coleg yn Crewe roeddwn i wedi rhoi'r gorau i arlunio. Mi fyddwn i, serch hynny, yn dal i sgetsio rhywfaint. Dwi'n cario pad efo mi bob amser fel y galla i sgestsio unrhyw beth trawiadol fydd yn mynd â fy sylw i. Ond yn dilyn bwlch o ryw wyth mlynedd, ar ôl symud i'r tŷ newydd ar y Wirral, penderfynais ailafael yn y brws paent. Yn eironig, y llun cynta wnes i oedd tarw o Ucheldir yr Alban. Ar y pryd, doedd gen i ddim syniad y byddwn i'n symud i fyw i ganol y gwartheg hynny ymhen rhyw ddwy flynedd. Gosodais y llun ar y wal a phenderfynu gwneud un arall yr un fath ag o. Roeddwn i'n meddwl y byddai hwnnw'n gwneud anrheg Nadolig i Gethin, fy mrawd. Doedd gen i ddim syniad beth arall y medrwn i ei roi iddo, gan fod ganddo fo bob dim!

Mi es â'r llun i Ben-y-groes i gael ei fframio yn siop Llun Mewn Ffrâm. Tra oeddwn i yno roedd dau neu dri o gwsmeriaid yno yn sbio ar luniau. Dyma nhw'n gweld fy llun i a gofyn a fasan nhw'n gallu rhoi comisiwn i mi i wneud llun iddyn nhw. A dweud y gwir, doeddwn i ddim eisiau'r pwysau o wneud llun i blesio rhywun arall. Roedd gen i ddigon o bwysau yn fy mywyd fel chwaraewr pêl-droed. I mi, cael peintio'r hyn roeddwn i eisiau'i weld fy hun oedd pwrpas codi'r brws.

Felly, dderbyniais i ddim y gwahoddiad caredig gan y cwsmeriaid yn y siop ond mi ges i

45

sgwrs efo Meical, y perchennog, am fy ngwaith arlunio. Wrth i ni roi ein meddyliau ar waith fe ddaethom i'r casgliad y byddai'r chwarel yn destun da i mi. Roedd hwnnw'n bwnc naturiol mewn gwirionedd. Ar un adeg roedd cymaint â 37 o chwareli yn Nyffryn Nantlle. Yn eu plith roedd chwarel fawr Dorothea, lle roedd rhai cannoedd o ddynion yn arfer gweithio. Roedd y lechan las i'w gweld o hyd ymhob man yno. Mae sawl hen chwarelwr yn byw yn lleol, er bod eu nifer yn mynd yn brinnach bob dydd. Eto, mae cymaint o straeon am y chwarel yn dal i gael eu hadrodd ganddyn nhw.

Ond y ffynhonnell bwysicaf i mi fyddai Taid Talsarn. Mi fuodd yn gweithio yn y chwarel ar hyd ei oes. Er fy mod i'n ifanc pan fu farw, dwi'n dal i gofio rhai o'r hanesion difyr y byddai'n eu hadrodd. Rhoddodd lawer ohonyn nhw ar gof a chadw mewn llyfrau y bydda i'n troi atyn nhw yn aml. Bellach mi fydda i'n trio rhoi rhai o'r hanesion hynny ar ganfas.

Rydw i wrth fy modd â hanes ac mi fydda i'n treulio tipyn o'm hamser hamdden yn darllen am hanes hyn a'r llall. Felly, pan benderfynais beintio lluniau am y chwarel, roedd yn rhaid i mi wneud tipyn o ymchwil ar hanes y diwydiant. Arlunydd arall oedd yn arbenigo ar thema'r chwarel oedd y diweddar

Ifor Pritchard. Tynnodd yntau, mewn ffordd drawiadol iawn, ar ei atgofion o'r diwydiant ym mhentre Carmel, lle cafodd ei fagu. Roedd gwaith Ifor yn ysbrydoliaeth fawr i mi.

Pe bai Taid yn dal yn fyw mi fyddai gen i gant o mil o gwestiynau i'w gofyn iddo am fywyd a gwaith y chwarel. Mae'r lluniau y bydda i'n eu peintio yn tynnu ar sawl agwedd ar y diwydiant – y cymeriadau, y twls, y cymdeithasu, y caledi ac yn y blaen. Mi fydda i'n trio ail-fyw, mewn olew, gyfnod oedd mor bwysig yn hanes y diwydiant hwnnw.

Mae arlunio'n therapi i mi. Pan fydda i yn y gôl mi fydda i'n cael fy ngalw'n bob math o enwau gan y dorf o 'nghwmpas i. Mae gorfod perfformio'n foddhaol o flaen miloedd o bobl bob wythnos hefyd yn rhoi rhywun dan bwysau. Felly, mae medru dianc ar ôl dod adra i'r cwt peintio ar waelod yr ardd a chodi'r brws yn andros o bwysig i mi. Yno, dwi'n medru cau'r drws ar y byd a'i bethau ac ymlacio'n llwyr. Mae hyd yn oed meddwl am hynny weithiau yn gysur mawr.

Mae'r ffaith fod pobl yn barod i brynu fy lluniau yn rhoi pleser mawr i mi, ond nid am resymau ariannol. Dwi'n licio meddwl bod y lluniau'n mynd i olygu rhywbeth arbennig i'r sawl fydd yn eu prynu. Wedi'r cyfan, mae'r lluniau'n rhan o fy hanes i hefyd. Dyna pam benderfynais i gynnal fy arddangosfa gynta yn Llun Mewn Ffrâm yr haf diwethaf.

Roeddwn wedi cael cynnig arddangos mewn ambell oriel arall. Roedd dau o'm lluniau i eisoes wedi cael eu gwerthu am rai cannoedd o bunnoedd mewn oriel yng Nghaerdydd. Yr hyn oedd yn plesio fwyaf oedd eu bod wedi cael derbyniad da iawn gan y beirniaid. Ond roeddwn i'n awyddus i ddangos fy lluniau yn Nyffryn Nantlle gan mai yn y fan'no roedd y cyfan wedi dechrau. Roeddwn i o'r farn mai yno y byddai'r lluniau'n cael eu gwerthfawrogi fwyaf. Mi brofwyd hynny'n gywir oherwydd roedd y lluniau i gyd wedi cael eu gwerthu cyn i'r arddangosfa agor yn swyddogol. Roedd hynny'n deimlad braf iawn.

Tydw i ddim yn meddwl y gwna i roi'r gorau byth i beintio lluniau o'r chwarel. Ond mae gen i awydd troi at bwnc arall ar yr un math o thema, sef bywyd a gwaith y glöwr. Mi fyddai'r lluniau hynny hefyd yn ymwneud â chaledi bywyd y gweithiwr cyffredin a'r gymdeithas yr oedd yn rhan ohoni. Y bwriad fyddai tynnu sylw at ymdrechion y coliar i drio ennill bywoliaeth o dan amodau anodd ac annheg. Mi fyddai prosiect fel yna hefyd yn adlewyrchu'r diddordeb sydd gen i yn hanes ein cenedl.

Ond mae pennod arall o'm hanes yn cael sylw gen i yn gynta. A dwi eisoes wedi rhoi rhai o'r golygfeydd roeddwn i'n dyst iddyn nhw yn Ffrainc ar ganfas. Mae'r darlun olew o staff a chwaraewyr carfan Cymru yn adlewyrchu'r slogan 'Gyda'n gilydd yn gryfach' – geiriau a fabwysiadwyd gan Gymru gyfan yn ystod Ewro 2016. Bydd y llun i'w weld yn y Llyfrgell Genedlaethol yn Aberystwyth o fis Mawrth 2017.

Mae ymlacio yn hollbwysig i chwaraewyr proffesiynol ymhob maes. Mae cael seibiant o'r holl ymarfer corfforol bron mor bwysig â'r ymarfer ei hun. Mae'n bwysig teimlo'n ffres wrth fynd i ymarfer a chwarae mewn gêm. Fel arall fydd hi ddim yn hir cyn y bydd rhywun arall, ieuengach falla, yn barod iawn i gymryd drosodd.

Wrth gwrs, mae'n rhaid rhoi sylw i agweddau eraill wrth i rywun drio cadw ar ben ei gêm, fel deiet. Mi fyddwn yn cael ein mesur yn y clwb yn rheolaidd o ran lefel y braster yn y gwaed. Mae'n rhaid cadw balans rhwng faint o brotin a charbohydradau sy'n mynd i'n system ni. Y protin sy'n cryfhau'r cyhyrau ar ôl sesiwn ymarfer neu gêm galed, a'r carbohydradau sy'n rhoi'r egni 'nôl yn y corff. Mae cael digon o fitaminau hefyd yn hanfodol er mwyn cadw rhywun yn iach. Fedar rhywun ddim yfed 5–6 peint o gwrw ar ôl gêm a tydy hi ddim yn talu i alw yn y siop tecawê yn rhy aml! Mae'n bwysig peidio â bwyta gormod o fwyd wedi'i ffrio, gan goginio lle bo modd ar y gril neu mewn dŵr. Mi fydda i wrth fy modd yn mygu cigoedd a physgod uwchben sglodion pren yn y barbeciw yn yr ardd. Yn ffodus, mae Claire, fy mhartner, yn *chef* dda iawn, felly does dim rhaid i mi dorchi llewys yn y gegin yn aml!

Fel rydw i wedi sôn, mae arlunio yn help i mi ddianc o hwrlibwrli'r byd pêl-droed. Ond nid trwy gydio mewn brws paent yn unig y bydda i'n dianc o fyd y bêl. Pan oeddwn i yn Ysgol Dyffryn Nantlle mi ges wersi corn am gyfnod. Roedd y band pres yn rhan bwysig o draddodiad cerddorol yr ardal. Yn anffodus, barodd y diddordeb hwnnw ddim yn hir. Ond a minnau newydd arwyddo i Stockport roeddwn i'n byw ar fy mhen fy hun, a dyma benderfynu bod angen rhywbeth arna i i lenwi fy oriau hamdden. Roeddwn i wedi diflasu ar edrych ar y teledu, felly dyma feddwl y baswn i'n licio dysgu sut i chwarae'r gitâr.

Allan â fi felly i brynu gitâr – yr un ddrutaf yn y siop, bron. Yn fy meddwl i, taswn i'n gwario tipyn ar yr offeryn mi faswn yn llai tebyg o roi'r gorau iddi. Petai pethau'n mynd yn anodd faswn i ddim yn gallu gadael iddi hel llwch yn hawdd iawn. Er mwyn dysgu sut i chwarae'r offeryn fe wnes i droi at Geth. Mae o'n chwaraewr penigamp, diolch i Wil Art yn Ysgol Dyffryn Nantlle. (Roedd o'n berchen ar nifer o ddoniau, heblaw arlunio!) Wedyn, trwy gyfrwng y cyfrifiadur, roeddwn i'n medru dysgu oddi wrth Geth tra byddai o wrthi ym Mhen-y-groes.

Mi wnes i ymarfer ac ymarfer nes bod fy mysedd i weithiau'n brifo. Ar ôl meistroli nifer o'r cordiau, mi fyddwn i'n gwrando ar wahanol artistiaid ac yn canu efo nhw. Y ffefrynnau oedd Johnny Cash, Zac Brown ac Alan Jackson. Mi fedra i wrando ar bob math o gerddoriaeth, ond tydw i ddim yn hoff o gerddoriaeth sydd wedi ei chynhyrchu'n artiffisial a'i doctora, fel sy'n digwydd ar gyfrifiadur. Mi fydda i'n licio sŵn pur, diaddurn, sydd â mwy o deimlad iddo. Dyna pam dwi'n hoff o ganu gwlad ar ei ffurf symlaf. Mae'r math hwnnw o ganu'n swnio'n llawer mwy gonest. Dwi'n arbennig o hoff o'r caneuon gwlad sy'n adrodd stori, yn enwedig rhai gan Johnny Cash, Kris Kristofferson ac Alan Jackson. Pan oeddan ni'n mynd fel teulu yn y car ers talwm roeddan ni'n gwrando'n aml ar Radio Cymru. Yn y dyddiau hynny roedd tipyn o fynd ar ganu gwlad Cymraeg ac mae dylanwad hynny arna i o hyd, dwi'n meddwl. Dwi'n dal i wrando tipyn ar gerddoriaeth Gymraeg, yn enwedig ar artistiaid fel Meic Stevens. Dwi wrth fy modd â'r gân 'Rhedeg i Paris', sy'n cael ei chanu gan fy nghefnder, Osian Huw, efo'r grŵp Candelas.

Ychydig o flynyddoedd yn ôl, yng ngwesty tîm Cymru yng Nghaerdydd, dwi'n cofio clywed sŵn James Collins, oedd newydd ddechrau dysgu'r gitâr, yn chwarae'r offeryn yn stafell y staff ffisiotherapi. Honno, fel arfer, yw stafell gymdeithasol yr hogia. I fan'no y byddwn ni'n mynd yn aml i segura, i gymdeithasu ac i gael clonc. Dyma fi i mewn i'r stafell ac ymuno â James, Joe Ledley a Gareth Bale. Yn y man mi roddais i gynnig ar ganu efo'r gitâr. Mae'n debyg bod yr hogia wedi eu plesio'n arw gan fy ymdrechion i i ddynwared Johnny Cash. Byth ers hynny, rywdro yn ystod ein sesiynau cymdeithasu, mae gofyn i mi ddiddanu'r hogia gydag ychydig o ganeuon.

Ymhen amser mi wnaeth FA Cymru fuddsoddi mewn gitâr, ac mi fydd yr offeryn swyddogol hwnnw yn dod gyda ni i bob gêm. Erbyn hyn mi fydd llawer rhagor o'r hogia'n rhoi cynnig arni i'n diddanu ni, fel Hal Robson-Kanu, Joe Allen a Simon Church. Ond yr un gorau ohonyn nhw i gyd yw Chris Coleman. Mae o'n dipyn o foi ar ganu 'Wonderwall'!

7

Cynrychioli Cymru

CHWARAEAIS I 11 GWAITH i dîm dan 21 Cymru yn ystod 2007–08. Cyn hynny roeddwn i wedi cynrychioli'r tîm dan 17 a'r tîm dan 19. Yna, yn 2009, mi wnaeth John Toshack fy ngalw i garfan y tîm cynta ar gyfer gêm gyfeillgar yn erbyn Gwlad Pwyl ym Mhortiwgal. Roeddwn yn ymuno â Wayne Hennessey a Boaz Myhill, yn un o dri golwr yn y garfan honno. Roedd cael fy newis yn deimlad ffantastig.

Ers pan oeddwn i'n hogyn ifanc mi fues i'n mynd i weld Cymru'n chwarae'n aml. Mi fyddwn yn neidio i'r car yn syth ar ôl ysgol i ymuno â'r teulu ar gyfer ein taith i Gaerdydd. Neu weithiau mi fyddwn yn un o griw o'r pentre fyddai'n mynd yno ar y bws. Mi welais bob un gêm gartre chwaraeodd Cymru yn rowndiau rhagbrofol Ewro 2004. Ond y tro yma, ym Mhortiwgal, mi fyddwn i'n eistedd ar y fainc ar ymyl y cae, yn hytrach nag yn yr eisteddle. Roedd hynny'n profi i mi fod breuddwydion yn gallu dod yn wir!

Yn anffodus, o'r saith tîm yn ein grŵp ni ar gyfer y gemau hynny yn 2008, dim ond Cyprus a San Marino wnaeth yn waeth na ni. Roedd hynny'n fy synnu i, o weld y sêr oedd yn nhîm Cymru ar y pryd – Paul Jones, Mark Pembridge, Simon Davies, Ryan Giggs, John Hartson a Craig Bellamy, i enwi dim ond rhai. Ond methu fu ein hanes ni ymhob cystadleuaeth, dro ar ôl tro, ers blynyddoedd mawr.

Erbyn i mi ymuno â'r garfan yn 2009, dim ond Craig Bellamy oedd ar ôl o'r chwaraewyr hynny. Ond roedd bron pawb arall wedi bod yn chwarae gyda mi i dimau iau Cymru. Mewn ffordd, roeddan ni wedi tyfu i fyny gyda'n gilydd ac yn ffrindiau. Mae llawer ohonon ni'n dal efo'n gilydd yng ngharfan y tîm cynta hyd heddiw. Yn sicr, mae hynny'n rhywbeth i'w ystyried wrth esbonio'r llwyddiant mae tîm Cymru wedi ei gael yn ddiweddar. Pan oeddwn i'n aelod o'r tîm dan 21, Bryan Flynn fyddai'n gofalu amdanom ni. Mi fyddai'n dweud bryd hynny mai ei nod o oedd gweld y tîm hwnnw yn chwarae dros Gymru yng nghystadleuaeth Cwpan y Byd 2014. Doedd o ddim yn bell iawn o'i le, felly!

Roeddwn i braidd yn swil ac yn ddistaw pan ymunais â'r hogia am y tro cynta ar gyfer y gêm honno yn erbyn Gwlad Pwyl. Ond roedd hynny'n wir am y rhan fwyaf ohonon ni pan oedd Craig yn y cwmni! Colli fu'n hanes ni, 1–0 y tro hwnnw, er i'r tîm chwarae'n reit dda. Wayne Hennessey oedd y dewis cynta yn y gôl, a phan adawodd y cae ar hanner amser Boaz Myhill aeth ymlaen yn ei le.

Ar un cyfnod yn yr ail hanner cafodd Boaz ei frifo ac roedd hi'n edrych fel pe byddai'n rhaid iddo adael y cae. Roeddwn innau'n barod i fynd ymlaen yn ei le ond mi ddaliodd i chwarae. Mi faswn i wedi bod wrth fy modd petawn i wedi cael y cyfle i wneud hynny a minnau yn y garfan am y tro cynta. Ond roedd hi'n dda gweld hefyd bod Boaz heb frifo go iawn. Fel mae'n digwydd mi ges y cap cynta hwnnw maes o law, er y bu'n rhaid disgwyl am chwe blynedd arall! Ar Dachwedd 16, 2015 mi ges ddod i'r cae yn erbyn yr Iseldiroedd yng Nghaerdydd, ar ôl bod ar y fainc am 29 o gemau!

Roedd y profiad hwnnw yn Stadiwm Dinas Caerdydd y noson honno yn wefreiddiol. Doeddwn i ddim wedi cael rhybudd ymlaen llaw o gwbl. Yna, ar ôl 73 munud, dyma Chris Coleman yn dweud wrtha i,

"Right, Owain, you deserve this more than anybody, you're going on!"

Ar hynny dyma Martyn Margetson,

hyfforddwr y gôl-geidwaid, yn dweud wrtha i am fynd i gynhesu. Ond doeddwn i ddim yn mynd i dderbyn eto fy mod i ar fin ennill fy nghap cynta. Roedd Martyn wedi dweud wrtha i am fynd i gynhesu mewn gemau o'r blaen a ches i ddim galwad i fynd ar y cae. Ond y tro hwn, yn y man, daeth y geiriau, "Get your kit on!" Wrth sefyll ar yr ystlys, yn barod i fynd, roedd yn rhaid i mi drio peidio gadael i emosiwn gael y gorau ohono i. Roeddwn i'n gwybod y byddai hynny'n gallu effeithio ar fy mherfformiad i. Roedd cyrraedd y fan honno yn fy ngyrfa wedi golygu cymaint o ymdrech ac aberth. Bellach, roedd y cyfan yn werth y drafferth.

Roedd clywed y dorf yn cymeradwyo, ac yn canu fy enw wrth i mi ddod ymlaen, yn sbesial iawn. Mae cael clod gan gefnogwyr eich gwlad eich hun yn rhywbeth arbennig. Wedi'r cyfan, roeddwn i wedi bod yn un ohonyn nhw gymaint o weithiau yn y gorffennol. Cymro ydw i a dwi'n barod i wneud unrhyw beth dros fy ngwlad. Pan redais ar y cae y noson honno, roeddwn i'n teimlo bod pawb oedd yn gweiddi drosta i yn deall i'r dim beth roedd yn ei olygu i mi.

Mae'r crys wisgais i bryd hynny, a'r cap ges i gan FA Cymru, yn saff yn y tŷ acw. Ar y fainc y bues i ar gyfer pob gêm arall tra oeddwn i'n aelod o garfan Cymru, ond mi fydda i, fel eilydd o golwr, yn cael crys swyddogol bob tro. Mi fydda i'n trio cyfnewid pob crys am un gan y tîm fydd yn chwarae yn ein herbyn ni. Bydd hynny yn ei gwneud hi'n haws cofio'r gêm arbennig honno. Felly, mae gen i gasgliad reit dda erbyn hyn, gan gynnwys rhai gan enwogion fel Rui Patrício, golwr Portiwgal.

Pan gymerais i fy lle rhwng y pyst y noson honno, 2–2 oedd y sgôr. Yn anffodus, gyda deg munud i fynd, aeth yr ymwelwyr ar y blaen. Mi wnaeth Arjen Robben ganfod bwlch rhwng James Chester a James Collins a phlannu'r bêl yn y rhwyd wrth i mi ruthro ato. Roedd hi'n rhyw fath o gysur i mi na faswn i wedi medru gwneud fawr ddim i atal chwaraewr o safon Robben rhag sgorio. Serch hynny, roeddwn i'n siomedig mai colli wnaethon ni ar achlysur oedd mor bwysig i mi'n bersonol.

O'r diwrnod cynta hwnnw yn 2009, mae hi wedi bod yn bleser pur bod yn aelod o garfan Cymru. Mae rhai'n credu y baswn i erbyn hyn wedi hen flino ar droi i fyny ar gyfer gêm ar ôl gêm, dim ond i eistedd ar y fainc bob tro. Mae eraill yn disgwyl y baswn i wedi troi'n chwerw o weld cymaint o chwaraewyr eraill y garfan yn cael eu cyfle i wisgo crys Cymru. Yn wir, mi fasai'n braf iawn petawn i wedi cael gwneud hynny'n amlach. Ond mi fedra i ddweud efo fy llaw ar fy nghalon fy mod i wrth fy modd yn gwylio'r hogia'n chwarae o'r fainc. Does dim safon uwch o bêl-droed i'w chael na'r lefel ryngwladol. I mi, felly, mae cael ymarfer ar y cyd â rhai o chwaraewyr gorau'r byd yn ffordd wych o wella fy ngêm fy hun. Mae'n golygu hefyd fy mod i'n ehangu fy mhrofiad bob tro y bydda i'n ymuno â'r garfan.

Does 'na'r un chwaraewr yn y garfan sy'n cael ei drin yn wahanol. Mae pob un yn cael gwybod ei fod o'r un mor bwysig i lwyddiant y tîm ag y mae unrhyw chwaraewr arall. Mae'r un polisi ar waith hefyd o ran aelodau o'r staff. Dyna'r meddwl y tu ôl i'r slogan oedd yn cael cymaint o sylw ganddon ni yn ystod Ewro 2016, sef 'Gyda'n gilydd yn gryfach'.

O ganlyniad i hyn, mae chwaraewyr ein carfan ni'n teimlo'r un mor agos at ei gilydd ag y mae chwaraewyr sy'n perthyn i'r un clwb. Mae hynny'n rhywbeth anghyffredin i dîm rhyngwladol. Bydd chwaraewyr sydd yn yr un clwb yn gweld ei gilydd bob dydd bron, a hynny ar hyd y flwyddyn. Fydd chwaraewyr rhyngwladol ddim ond yn gweld ei gilydd bob hyn a hyn. Ar ben hynny, pan fyddan nhw'n cwrdd, yn aml iawn mae wynebau dieithr yn y cwmni.

Mae carfan Cymru yn wahanol. Nid criw o bobl ydan ni sy'n digwydd chwarae pêl-droed efo'n gilydd. Rydan ni'n fêts ac wedi bod felly ers blynyddoedd lawer. Yn ystod cyfnodau pan na fyddwn ni'n cyfarfod fel carfan mi fyddwn ni'n gyrru negesau ffôn at ein gilydd yn rheolaidd. Yn aml iawn, mi fydd yr un neges yn mynd at bawb fel bod pob un yn cael gwybod beth sy'n mynd ymlaen. Dyna sy'n gyfrifol am yr ysbryd arbennig sydd ganddon ni fel carfan.

Dyna hefyd sydd wedi arwain at yr agwedd iach tuag at ein cyd-chwaraewyr. Mae hyn yn golygu ein bod ni i gyd yn awyddus i wneud yn siŵr fod yr un ar ddeg sydd gan Gymru ar y cae bob amser yn cael pob cymorth i fod ar eu gorau. Mae'n anodd cael pobl i ddeall hyn weithiau, yn enwedig y wasg Seisnig. Mi wnaethon nhw gynhyrfu'n lân pan soniodd Gareth Bale nad oedd gan dîm Lloegr yr un math o dân yn eu boliau ag oedd gan ein hogia ni! Roedd o'n hollol iawn!

8

Trefn newydd

CHES I DDIM CYFLE i ddod i nabod John Toshack o gwbl. Cyn diwedd tymor 2008–09 mi ges lawdriniaeth ar fy ysgwydd oedd yn golygu na fyddwn yn cael fy ystyried ar gyfer carfan Cymru am beth amser. Y flwyddyn wedyn, ymddiswyddodd John Toshack ar ôl nifer o ganlyniadau siomedig yn rowndiau rhagbrofol Cwpan y Byd 2010. A bod yn deg, doedd yr adnoddau oedd ar gael ddim hanner cystal bryd hynny. Erbyn hyn mae FA Cymru yn edrych ar ôl y staff a'r garfan yn arbennig o dda.

Yn ystod mis Rhagfyr 2010 cafodd Gary Speed ei benodi'n rheolwr tîm Cymru. Yn anffodus ches i ddim y fraint o gyfarfod â Gary, gan fy mod i wedi dioddef tipyn o anafiadau yn y cyfnod hwnnw. Ar ôl y broblem efo'r ysgwydd mi dorrais fy mawd. Yn wir, roeddwn i mewn plastar pan ddaeth y newydd erchyll am farwolaeth Gary. Roedd hi'n amlwg bod yna barch aruthrol ymhlith staff a chwaraewyr Cymru tuag ato. Y fo bia'r clod am osod y sylfaen a arweiniodd at y llwyddiant mae'r tîm cenedlaethol wedi'i gael. Daeth â rhyw agwedd ffres, iach i'r ffordd roedd pêl-droed yn cael ei redeg a'i chwarae yng Nghymru.

Cafodd Chris Coleman ei benodi'n rheolwr ym mis Ionawr 2012. Ymhen ychydig mi ges alwad ffôn gan Mark Evans, un o swyddogion FA Cymru, yn gofyn a hoffwn i ymuno â charfan Cymru ar gyfer taith i Efrog Newydd i chwarae gêm gyfeillgar yn erbyn Mecsico y mis Mai hwnnw. Roeddwn i wrth fy modd yn cael cynrychioli fy ngwlad unwaith eto.

Er i ni golli'r gêm o 2 gôl i 0, mewn gwres mawr, roedd y daith yn un gofiadwy am nifer o resymau. Yn gynta, roedd cael bod yn Efrog Newydd, mewn gwesty braf yn edrych dros y ddinas, yn brofiad ffantastig. Hefyd, mi gawson ni ddefnyddio adnoddau gwych y New York Giants, sy'n chwarae yn yr NFL, i ymarfer ar gyfer y gêm yn erbyn Mecsico. Mewn ffordd roedd hynny'n arwydd bod pethau wedi newid. Bellach roedd ganddon ni gymaint mwy o staff yn gwneud nifer o swyddi gwahanol, ac roedd y trefniadau ar gyfer y tîm yn llawer mwy proffesiynol. Y bwriad oedd sicrhau bod pob agwedd ar y paratoadau, a'r perfformiad ar y cae, yn cael sylw manwl.

Erbyn hyn roeddwn i wedi newid fel person.

Roeddwn i'n hŷn, wrth gwrs, ac yn gwybod llawer mwy am y gêm. Doeddwn i ddim bellach yn ddiniwed fel roeddwn i pan ges i'r alwad gynta i'r garfan bron i dair blynedd ynghynt. Roedd hi'n amlwg fod Chris yn gwybod yn union beth roedd o eisiau. Daeth hynny'n gliriach i'r staff a'r chwaraewyr po fwyaf o amser roeddan ni efo'n gilydd, oherwydd ar ddechrau ei gyfnod fel rheolwr mi gawson ni ganlyniadau siomedig ac mi gymerodd hi dipyn o amser iddo roi ei stamp ei hun ar waith y garfan.

Yna, mi benderfynodd y byddai'n rhaid gwneud rhai pethau'n wahanol yn rowndiau rhagbrofol Ewro 2016. Daeth â threfn newydd i gyfarfodydd y garfan yn ystod y cyfnodau paratoi. Ar y cae mi gyflwynodd batrwm newydd o amddiffyn. Roedd angen ei gwneud hi'n fwy anodd i dimau sgorio yn ein herbyn ni.

Ac roedd Chris yn iawn. Am y tro cynta ers 1958 mi wnaethon ni sicrhau y byddan ni'n chwarae yn rowndiau terfynol un o brif gystadlaethau'r byd pêl-droed. Ar ôl deg gêm ragbrofol roeddan ni'n ail i Wlad Belg yn ein grŵp ni o chwech o wledydd. Dim ond un o'r gemau hynny gollon ni, a phedair gôl yn unig sgoriwyd yn ein herbyn.

Roedd cyfnod y gemau rhagbrofol yn un boddhaol iawn i ni fel carfan. Wrth i'r gystadleuaeth fynd yn ei blaen roeddan ni'n gallu gweld bod ganddon ni siawns reit dda o fynd drwodd. Roedd yr ysbryd arbennig oedd ganddon ni fel criw yn mynd o nerth i nerth. Ond, wrth gwrs, roedd sesiynau paratoi manwl a chaled cyn pob gêm. Mi fyddwn i'n edrych ymlaen yn fawr at bob un o'r sesiynau hynny. Fel arfer, ar ôl chwarae gêm i Inverness ar y Sadwrn, mi fyddwn i'n hedfan i faes awyr Bryste ar y Sul. Byddai car yn fy nghodi i yno ac yn mynd â fi i westy'r Vale ger Caerdydd. Yno mi fyddwn yn ymuno â'r hogia eraill oedd yn y garfan. Mi fyddai'r ymarfer yn dechrau'n syth y diwrnod wedyn.

Mae popeth wedi'i drefnu'n fanwl ar ein cyfer ni. Mi fydd un o'r sianeli ar y teledu yn ein stafell ni yn rhoi manylion am ein rhaglen ar gyfer yr wythnos. Bydd y wybodaeth honno'n cynnwys beth sy'n rhaid i ni ei wisgo a hyd yn oed pa wisg fydd ei hangen i fynd i frecwast. Ond cyn bwyta, rhaid mynd at y bwrdd fitaminau. Yno, bydd yr aelod o'r staff sy'n gyfrifol am ein ffitrwydd, Ryland Morgans, wedi paratoi ar ein cyfer ni.

Byddwn hefyd yn gorfod llenwi holiadur iechyd – sut wnaethon ni gysgu y noson gynt, ydan ni wedi blino, ydan ni'n teimlo dan unrhyw bwysau – a rhoi sgôr o 1 i 10 wrth ateb pob cwestiwn. Yna mae'r ffurflenni'n cael eu rhoi i'r tîm meddygol. Os oes unrhyw ateb yn dangos bod rhywbeth o'i le, mi fydd y tîm yn gwneud rhywbeth yn ei gylch.

Ar ôl brecwast, mi fydd y tri golwr fel arfer yn mynd allan ar y cae ymarfer cyn y chwaraewyr eraill. Mi fyddwn yn cael sesiwn o hanner awr gyda'n hyfforddwr arbennig ni. Hyd at gemau Ewro 2016 Martyn Margetson fyddai'n edrych ar ein holau ni. Erbyn hyn mae Tony Roberts wedi cymryd ei le a Martyn wedi mynd yn hyfforddwr gôl-geidwaid tîm Lloegr.

Mi fyddai'r sesiynau ymarfer gyda Martyn yn troi o gwmpas y tîm nesa y byddan ni'n chwarae yn ei erbyn. Byddai'r gwaith paratoi wedi cael ei wneud gan rai o'r staff cyn hynny. Mi fyddan nhw wedi edrych ar y ffordd y byddai'r tîm hwnnw'n debyg o chwarae ac wedi rhoi sylw manwl i sut y byddai hynny'n effeithio ar ein golwr ni – a fyddan nhw'n hoff o chwarae peli hir i mewn i'r bocs, pa fath o safle fyddai eu streicar nhw'n debyg o'i gymryd ar gyfer croesiad o'r ystlys, ac yn y blaen.

Ar ôl y sesiwn gynta honno mi fyddan ni fel arfer yn sefyll yn y pwll nofio am ryw 15 munud, er mwyn cael gwared ar unrhyw dyndra yn y coesau. Yna mi fyddan ni'n mynd at y chwaraewyr eraill ar gyfer ambell gyfarfod, gyda Chris a'r isreolwr, Osian Roberts, fel arfer, ac yn trafod, er enghraifft, sut y dylai'r golwr a'r amddiffynwyr gydweithio mewn sefyllfa arbennig, neu rôl y chwaraewyr canol cae wrth ymosod, neu sut i sicrhau cadw meddiant.

Y dasg nesa fyddai rhoi ar waith ar y cae ymarfer yr hyn gafodd ei drafod. Bydd pob agwedd ar y sesiwn ymarfer yn cael ei ffilmio, o bob ongl. Erbyn hyn mi fyddwn hyd yn oed yn defnyddio drôn i ffilmio'r cyfan fel y gallwn weld beth sy'n digwydd o'r awyr! Y cam nesa wedyn yw astudio'r hyn gafodd ei ffilmio yng nghwmni'r staff hyfforddi. Dyna sut gawn ni wybod pa agweddau o'r chwarae oedd yn llwyddiannus. Yn yr un modd, dyna'r ffordd o wybod pa agweddau fyddai angen rhagor o sylw.

Mae'r holl waith paratoi yn gofyn ein bod ni wrthi ar hyd y dydd, ac mae gofyn felly bod ganddon ni ffyrdd o ymlacio pan fo'r gwaith hwnnw ar ben. Mae'r hogia o hyd yn tynnu ar ei gilydd mewn ffordd iach, ddoniol – am fod rhywun yn dechrau colli ei wallt, neu am fod ganddo drwyn mawr, neu am ei fod o heb gael hwyl arni yn yr ymarfer. Mi fydd hynny'n ddigon o reswm iddyn nhw gael eu pryfocio'n arw! Mae 'na gymeriadau yn y criw sydd bob amser yn codi gwên, pobl fel Joe Ledley. Mae o bob amser ynghanol pob rhialtwch ac yn ysbrydoli pawb.

Mae 'na ddigon o bethau i'w mwynhau yn y gwesty. Mae chwarae dartiau a thennis bwrdd yn boblogaidd iawn. Dave Edwards yw'r dartiwr gorau, ac mae Chris Gunter ac Aaron Ramsey yn anodd iawn i'w curo ar y bwrdd ping-pong. Pêl-droed yw hoff weithgaredd hamdden Ben Davies, ac mae'n feistr ar gemau FIFA ar yr Xbox.

Daeth newid yn nhrefniadau'r gwesty o'm rhan i. Mi fyddwn i'n rhannu stafell yn y gorffennol gyda David Vaughan. Rydan ni'n hen ffrindiau ers dyddiau Crewe efo'n gilydd. Erbyn hyn, gwaetha'r modd, mae o wedi dweud ei fod am roi'r gorau i chwarae mewn gemau rhyngwladol. Mae hynny'n golygu bod un yn llai yn y garfan y medra i siarad Cymraeg efo fo! Ond mae 'na dipyn ar ôl sy'n barod i wneud hynny. Cymraeg fydda i'n ei siarad fel arfer efo Osian, Ben, Joe Allen ac Emyr Huws, ac yn aml iawn hefyd mi wnaiff Aaron siarad efo fi yn Gymraeg.

Mae'n rhaid canmol FA Cymru, gan roi clod yn arbennig i Ian Gwyn Hughes, y Pennaeth Materion Cyhoeddus, am sicrhau bod y Gymraeg wedi cael lle amlwg yn Ffrainc. Pan redodd hogia'r garfan draw i gyfarch y cefnogwyr ar ddiwedd y gêm yn erbyn Portiwgal, roeddan nhw'n gwisgo crysau T coch ac arnyn nhw'r geiriau 'Diolch' a 'Merci'. Byddai'r Gymraeg hefyd yn cael lle mewn cyfarfodydd i'r wasg. Mae Osian bob amser yn awyddus i ddefnyddio'r iaith, ac roedd sawl aelod o'r garfan yn gwneud cyfweliadau efo'r cyfryngau yn y Gymraeg.

Erbyn diwedd ymgyrch Ewro 2016 mi wnaeth nifer o'r hogia eraill ddweud gair neu ddau yn y Gymraeg ar y cyfryngau. Doeddan nhw erioed wedi gwneud hynny o'r blaen. Ond i mi, roedd hyn yn dangos pa mor browd yr oeddan nhw o gynrychioli eu gwlad a'u bod nhw am ddathlu eu Cymreictod ar bob lefel bosib. A dyna oedd ein hymweliad ni â Ffrainc mewn gwirionedd. I ni, a miloedd o'n cefnogwyr ardderchog ni, dathliad arbennig iawn oedd o!

9

Ffrainc 2016

Cael bod yn Ffrainc gyda charfan Cymru yn ystod haf 2016 oedd y profiad mwyaf cyffrous a ges i erioed, heb os. Roeddwn i wedi dilyn tîm Cymru ers pan oeddwn i'n hogyn bach. Bryd hynny roeddwn i wedi gobeithio y baswn i'n cael gweld tîm fy ngwlad yn llwyddo i gyrraedd rowndiau terfynol prif gystadleuaeth, a chael fy siomi bob tro. Ond y tro hwn roeddwn i'n cael bod yn rhan o'r achlysur. Roedd y cyfan mor newydd i ni i gyd. Wyddwn i ddim faint o ddillad y dylwn i bacio! Ai digon am bythefnos dros gyfnod y gemau grŵp yn unig? Yn sicr, ar y pryd doeddwn i ddim yn disgwyl y byddwn i i ffwrdd am saith wythnos!

Roeddan ni'n aros mewn lle braf o'r enw Dinard yn Llydaw, tref sydd tua'r un maint â Chaernarfon. Roedd ein gwesty moethus, y Novotel Thalassa, ar lan y môr. Roedd o'n boblogaidd iawn gydag ymwelwyr ac yn enwog am ei gyfleusterau spa. Roedd hi'n ardal hardd iawn a'r tir o gwmpas y gwesty yn debyg iawn i Borth Llechog ger Amlwch. Roeddan ni fel carfan wedi ein rhoi mewn rhan arbennig oedd yn caniatáu i ni fod yn annibynnol os oeddan ni'n dymuno.

Roedd Dinard ei hun yn dref fach ddel a thaclus, a'i phobl yn glên dros ben. Mi fyddan ni'r chwaraewyr wrth ein bodd yn mynd am dro yno ar ôl ymarfer, a galw yn y *cafés* am banad ac i flasu'r teisennau bendigedig yr oedd y dref yn enwog amdanyn nhw. Roedd baneri Cymru ymhob man yno, yn arwydd o gefnogaeth y bobl leol i ni. Roedd yr un peth yn wir am y gwesty a'i staff. Bob tro y byddai'r bws yn gadael y gwesty i fynd â ni i'n sesiynau ymarfer mi fyddai dyn bach yn neidio i'r golwg, gan chwifio baner fawr a draig goch arni i'n hebrwng ni ar ein ffordd. Pan fyddan ni'n cyrraedd yn ôl i'r gwesty ar ôl chwarae gêm mi fyddai croeso arbennig yn ein disgwyl ni, a'r cyntedd yn llawn o staff y gwesty a phobl leol yn canu. Roedd hwnnw bob tro yn brofiad braf.

Doedd dim llawer o gefnogwyr Cymru yn cael dod i'r gwesty. Roedd sylw mawr yn cael ei roi i ddiogelwch, yn naturiol, o gofio'r digwyddiadau erchyll a welodd Ffrainc ychydig fisoedd cyn hynny. Yng nghanol un o gyfarfodydd trafod y garfan un diwrnod dyma un o'r staff diogelwch yn rhuthro i mewn a gweiddi,

"We're being attacked by terrorists! Everybody down to the basement now!"

Dwi'n siŵr na wnaethon ni symud yn gyflymach yn ystod yr holl amser roeddan ni yn Ffrainc! A minnau ar frys gwyllt i fynd oddi yno, mi neidiais dros Gareth Bale oedd yn eistedd wrth fy ymyl. Ar ôl i bopeth dawelu, gofynnodd Gareth i mi pam wnes i ruthro o'm sedd ar gymaint o ras. Dwi'n meddwl bod yr ateb gafodd o yn dipyn o sioc iddo, sef y byddai unrhyw derfysgwr oedd am ymosod ar ein carfan ni yn anelu amdano fo yn gynta! Felly, roeddwn i am neidio o'm sedd cyn gynted â phosib!

Wedi i ni gael ein harwain i'r selar mi wnaeth y staff diogelwch dawelu ein hofnau. Prawf ar drefniadau diogelwch y gwesty oedd yr ymarfer. Er i ni gael ein dychryn yn ofnadwy, roedd hi'n braf iawn clywed hynny!

Roedd safle'r gwesty ar lan y môr yn golygu bod mynd am dro yno yn bleser. Ond roedd olion digon sinistr i'w gweld ar dir y gwesty. Yn ystod yr Ail Ryfel Byd roedd yr Almaenwyr wedi gosod safleoedd gynnau mawr ar hyd yr arfordir er mwyn saethu at filwyr a chychod o Brydain. Roeddan ni yno tua'r un adeg ag y bu sawl digwyddiad i nodi canmlwyddiant brwydr y Somme. Yn ystod y rhyfel hwnnw mi adawodd llawer iawn o Gymry ifainc eu gwlad i ymladd yn Ffrainc, ac roeddan nhw wedi cael lle i gredu eu bod nhw ar gychwyn antur gyffrous. Roeddan ni, hefyd – yn Gymry ifainc yn Ffrainc – ar gychwyn pennod gyffrous yn ein hanes. Doedd y milwyr ifainc chwaith ddim yn gwybod pa bryd fyddan nhw'n mynd adra. Ond, yn waeth na hynny, doeddan nhw ddim yn gwybod a fyddan nhw'n cyrraedd adra o gwbl. Pwy a ŵyr beth fyddai ein hanes ni heddiw oni bai am aberth y milwyr ifainc hynny?

Mi ddechreuodd ein hymgyrch ni yn rowndiau terfynol Ewro 2016 yn Bordeaux ar Fehefin 11 yn erbyn Slofacia. Deffrais y bore hwnnw a gweld môr o goch y tu allan i'n gwesty. Roedd crysau cefnogwyr Cymru i'w gweld ymhob man a'r strydoedd o gwmpas yn llawn sŵn canu o bob cyfeiriad. Dwi'n cofio Dave Edwards a fi'n edrych ar y cyfan o un o'r ffenestri ac yn cyfaddef nad oeddan ni'n siŵr ble fyddai orau – yn y gwesty efo'r tîm neu allan ar y stryd ynghanol y cefnogwyr yn mwynhau'r awyrgylch ffantastig?!

Wnaeth hwyl a chyffro'r cefnogwyr ddim stopio o'r eiliad wnaethon ni godi'r bore hwnnw hyd nes i ni gyrraedd y stadiwm. Cyn bwyta, ryw awr neu ddwy o flaen y gêm fel arfer, mi fyddwn ni fel carfan yn mynd am dro bach. Y tro hwn roedd hi'n amhosib bron. Roedd yn rhaid i'r dynion diogelwch frwydro i greu llwybr i ni drwy'r dorf. Roedd o'n union fel y Môr Coch yn agor ar gyfer Moses! Ond chafodd Moses ddim mwynhau môr o ganu fel ni.

Roedd y daith i'r stadiwm yn y bws drwy'r cefnogwyr yn brofiad bythgofiadwy, a beicwyr yr heddlu yn ein harwain. Roedd y rheini'n ychwanegu at y cyffro trwy beidio â gafael yng nghyrn y beiciau. Mi oeddan nhw'n defnyddio'u dwylo i gael pob cerbyd arall ar y lôn i symud o'r ffordd! Yna, cyrraedd y stadiwm a synnu o weld bod cymaint o goch, a'r canu'n wefreiddiol.

Ond, i mi, clywed yr anthem yn cael ei chanu oedd y profiad mwyaf cyffrous. Roeddan ni, yn chwaraewyr ac yn gefnogwyr, wedi disgwyl am gymaint o amser i gyrraedd y fan honno. Roedd fel petai'r rhyddhad o fod yno, ar ôl gobeithion a siom y blynyddoedd cynt, bellach yn cael ei fynegi yn yr anthem. Roedd canu'r dorf yn wych. Felly roedd o hefyd pan oeddan ni'n chwarae Gwlad Belg yn y gemau rhagbrofol yng Nghaerdydd. Dwi'n cofio James Collins yn troi ata i yn ystod yr anthem bryd hynny gan gyfeirio at y gerddoriaeth yn y cefndir.

"I wish they'd turn that canned music off," medda fo, "so that we can just hear the crowd sing the words."

10

Y gemau

Slofacia, Mehefin 11

Un o gryfderau tîm Cymru yn ymgyrch Ewro 2016 oedd y ffaith nad oedd yr hogia byth yn barod i roi i fyny. Roedd hynny'n amlwg yn y gêm gynta yn erbyn Slofacia. Roedd Wayne Hennessey wedi deffro'r bore hwnnw a'i gefn yn brifo. Felly, Danny Ward oedd yn y gôl ac ar ôl pedwar munud mi drawodd Hamšík y bêl heibio iddo wedi rhediad o 30 llath. Roedd o wedi dod allan i drio cau'r ymosodwr i lawr ond roedd y bêl ar ei ffordd i'r rhwyd. Doedd dim llawer y gallai Danny fod wedi'i wneud i arbed yr ergyd; a dweud y gwir mi gafodd gêm solet iawn. Yna yn sydyn, a ninnau'n disgwyl y gwaethaf, dyma Ben Davies yn rhuthro ar draws y gôl ac yn clirio'r bêl.

Ar ôl 10 munud daeth gôl, yn dilyn cic rydd gan y meistr, Gareth Bale. Wrth gwrs, roedd y dorf a ninnau ar y fainc wrth ein boddau gyda'r dechrau gwych i'r ymgyrch. Wrth i'r gêm fynd yn ei blaen mi ddechreuon ni reoli'r chwarae.

Ond yn ystod yr ail hanner sgoriodd Duda i Slofacia gyda'i gyffyrddiad cynta ar ôl dod i'r cae fel eilydd. Am gyfnod wedyn, nhw gafodd y gorau o bethau a rhoi Cymru dan dipyn o bwysau.

Ar ôl 69 munud, daeth Hal Robson-Kanu a Joe Ledley i'r cae yn lle Johnny Williams a Dave Edwards. Ac yna, dyma'r 25,000 o Gymry oedd yn y dorf yn dechrau canu 'Hen Wlad fy Nhadau'. Mi wnaeth hynny godi calonnau'r hogia. Fel y dwedodd Gareth Bale wedyn, roeddan nhw bellach yn meddwl eu bod nhw'n chwarae'n ôl yng Nghymru!

Gyda tua 10 munud i fynd dyma Joe yn rhoi pas hir i Aaron, ac mi gyrhaeddodd y bêl Hal. Rywsut, dyma fo'n ei tharo hi efo'i goes yn hytrach na'i droed ac mi aeth hi drwy goesau'r amddiffynnwr Ďurica a thu hwnt i'r golwr, i'r rhwyd! Roeddan ni ar y blaen eto ac er i Nemec benio yn erbyn y postyn tua'r diwedd, ni enillodd, 2–1. Bu'r gêm gynta mewn cystadleuaeth o bwys yn dipyn o her i'r hogia, ond roeddan ni i gyd wrth ein bodd ein bod ni wedi cael dechrau llwyddiannus.

Yn syth ar ôl y chwiban olaf mi wnaeth Gareth arwain yr holl dîm draw at yr ystlys. Yno, roeddan ni, yr hogia oedd ddim yn chwarae y diwrnod hwnnw, yn dathlu eisoes.

Roedd y tîm am ddangos pa mor agos yr oeddan ni fel carfan. Roeddan nhw am gydnabod bod cyfraniad yr hogia ar y fainc hefyd wedi bod yn hollbwysig i'r llwyddiant. Fydda i ddim yn un sy'n mynd yn nerfus cyn gêm pan fydda i'n chwarae, ond roeddwn i'n teimlo rhyddhad mawr pan ddaeth diwedd y gêm honno! Fydda i ddim chwaith yn dibynnu ar unrhyw arferion ofergoelus i fod yn help i mi yn ystod gêm. Ond tydy hynny ddim yn wir am bob aelod o dîm Cymru.

Heb enwi neb, mae un chwaraewr yn gorfod gwisgo'r un trôns i bob gêm – hyd yn oed os yw'r trôns yn fudr! Cafodd nhw'n anrheg gan ei fam pan aeth oddi cartre i fyw am y tro cynta yn 16 oed. Un tro, mi wnaeth y ddynas oedd yn glanhau iddo golli'r trôns ac roedd o'n wallgo. Trwy lwc mi gafodd nhw'n ôl mewn pryd er mwyn eu gwisgo nhw yn Ffrainc. Dyna pam wnaethon ni mor dda, mae'n siŵr!

Un arall oedd yn cadw at arferiad digon od oedd Martyn Margetson. Roedd yn rhaid iddo fo gael gwisgo'r un gôt law i bob gêm. O gofio pa mor boeth roedd hi ganol haf yn Ffrainc, roedd yr arferiad hwnnw'n teimlo'n debycach i gosb. Dwi'n credu bod gan rai o'r hogia eraill eu harferion arbennig cyn gêm, ond wnaethon nhw erioed gyfaddef. Mi fyddan nhw'n debyg o gael eu pryfocio'n arw petai gweddill y garfan yn dod i wybod am eu cyfrinachau!

Lloegr, Mehefin 16

Yn dilyn y gêm yn erbyn Slofacia mi wnaethon ni hedfan yn syth yn ôl i Dinard a'i throi hi am y gwely. Roedd ymarfer pwysig y bore wedyn ar gyfer y gêm yn erbyn Lloegr. Hon oedd y gêm fawr. Roedd cymaint o sôn wedi bod yn y wasg amdani ym Mhrydain ac am obeithion Lloegr roedd y rhan fwyaf o'r sôn hwnnw. Yn sicr, roedd ganddyn nhw garfan gref. O gymharu â Chymru mi fasan nhw wedi gallu dewis pum carfan o chwaraewyr oedd yn fwy profiadol na'r rhan fwyaf o'n hogia ni.

Ond roedd yn rhaid i ni wynebu un siom cyn y gic gynta. Roedd FIFA wedi penderfynu y byddai'n rhaid i ni wisgo ein crysau llwydwyrdd. Yn ôl FIFA byddai'n dillad coch ni yn gwrthdaro â sanau coch Lloegr! Ond fel y dwedodd Gareth Bale, roedd ganddon ni rywbeth sbesial, rhywbeth nad oedd gan dîm Lloegr, sef tân yn ein boliau a ffydd yn ein gilydd. Er hynny, roedd ein chwarae ni yn erbyn Lloegr yn siomedig.

Doedd dim llawer o raen ar eu perfformiad nhw chwaith, yn enwedig yn yr hanner cynta. Yr hyn wnaeth ein siomi ni yn waeth na dim oedd gwybod ein bod ni'n ddigon da i'w curo nhw. Ond mi wnaethon ni adael iddyn nhw ennill y dydd. Roedd Gareth wedi ein rhoi ni ar y blaen ar ôl 42 munud, yn dilyn cic rydd glyfar, ond tarodd Lloegr yn ôl un funud ar ddeg i mewn i'r ail hanner pan sgoriodd Vardy o bum llath. Yna, gyda dim ond ychydig o funudau i fynd, sgoriodd Sturridge wrth y postyn agosaf i selio'r fuddugoliaeth i Loegr.

Roeddan ni i gyd yn reit ddigalon. Yn un peth roeddan ni am roi taw ar yr holl glochdar am Loegr. Ond gyda dwy gôl braidd yn flêr, nhw enillodd y frwydr. Eto, fel y gwelson ni yn y man, mi gollon nhw'r rhyfel!

Roedd ganddon ni chwe diwrnod cyn yr ornest hollbwysig olaf yng nghystadleuaeth y grŵp yn erbyn Rwsia. Yn y stafell newid ar ôl y gêm yn erbyn Lloegr mi wnaeth Chris gyhoeddiad. Roeddan ni i hedfan yn ôl i Dinard lle byddai'r diwrnod wedyn yn ddiwrnod rhydd i bawb. Ond, yn y gwesty, mi wnaeth Ashley Williams a Chris, ar ôl trafod gyda'r hogia, gyhoeddi ein bod ni am newid y cynllun hwnnw.

Roeddan ni i gyd wedi penderfynu aros efo'n gilydd, ac am fynd am bryd o fwyd i le bwyta y tu allan i Dinard. A'r un bwyd oedd i bawb, sef byrgar a tsips! Roedd o'n hollol groes i'r math

o fwyd yr oedd disgwyl i ni ei fwyta fel rhan
o'n deiet arferol ni. Mi gawson ni amser grêt
yn y lle bwyta ac roedd yn ffordd wych o godi
ysbryd pawb ar gyfer y gêm nesa.

Mewn ffordd, roedd o'n rhan o'r seicoleg o
anghofio am yr hyn oedd wedi digwydd yng
ngêm Lloegr. Roedd rhaid troi dalen lân ar gyfer
y paratoadau ar gyfer Rwsia. A dyna'n wir oedd
neges y cyfarfodydd gawson ni gyda Chris yn
ystod y dyddiau canlynol. Doedd dim posib i
ni ddylanwadu ar yr hyn oedd wedi digwydd.
Ond yn ein dwylo ni roedd y gallu i lywio beth
fyddai'n digwydd o hynny ymlaen.

Doedd dim amser yn y gwesty yn Dinard i
deimlo'n ddigalon ynghylch canlyniad gêm
Lloegr. Yn ystod y dydd roeddan ni'n paratoi
ar gyfer gêm Rwsia, a gyda'r nos mi fyddan ni'n
ymlacio. Mi fyddai'n arferiad cynnal achos
llys lle byddai rhai ohonon ni wedi cael ein
cyhuddo o ryw drosedd. Un diwrnod roedd
Joe Ledley a minnau wedi bod yn tynnu ar
ein gilydd yn ddi-baid, a'r noson honno bu'n
rhaid i ni ymddangos o flaen ein gwell, sef
Chris Coleman, Osian, Ryland, ein harbenigwr
ffitrwydd, ac Ian Mitchell, ein seicolegydd. Y
nhw oedd y rheithgor. Byddai gweddill y llys,
sef yr hogia eraill i gyd, yno i wrando ar y
cyfan. Yn gynta, mi gafodd y cyhuddiadau yn

erbyn Joe a fi eu darllen allan. Yna, roedd cyfle i ni'n dau nodi pam na ddylian ni gael cosb am ein rhialtwch. Ar ôl trafod y mater daeth y rheithgor i'r casgliad bod y ddau ohonon ni'n euog – doedd neb byth yn dod o'r fath gyfarfod yn ddieuog!

Roedd ganddon ni gosb i'w thalu. Yn achos Joe, roedd yn rhaid iddo ffonio Ian Gwyn Hughes i ddweud ei fod o wedi cael llond bol o fod yn Ffrainc gyda'r tîm ac na allai gario 'mlaen. Roedd eisiau mynd adra ar un waith! Yn fy achos i, roedd rhaid i mi ffonio'r sawl oedd yn gyfrifol am ddosbarthu tocynnau i chwaraewyr y garfan ar gyfer y gemau, ac egluro fy mod wedi gwneud camgymeriad. Roeddwn i wedi gwerthu tocynnau i ryw bobl o Rwsia a'r rheini, erbyn deall, yn bobl amheus iawn oedd yn debyg o greu embaras mawr i FA Cymru!

Fel y gallwch ddychmygu, roedd y ddwy sgwrs honno yn ddifyr iawn i wrando arnyn nhw! Wrth gwrs, mi gafwyd nifer o achosion llys eraill yn ystod y daith yn Ffrainc. Roeddan nhw bob amser yn dipyn o hwyl. Un o dasgau Ian Mitchell oedd trefnu cwis. Mi fyddan ni'n cael ein rhannu'n dimau o chwech ac roedd y tîm oedd yn dod yn olaf yn taflu deis i bennu cosbau'r aelodau. Byddai taflu rhif 1 yn golygu eu bod yn gorfod cyflwyno dawns; rhif 2 yn gofyn iddyn nhw ganu; rhif 3, gweini bwyd i'r hogia i gyd; rhif 4, ffonio rhywun penodol gyda rhyw neges wirion; rhif 5, glanhau'r stafell newid ar ôl ymarfer; a rhif 6 yn golygu na fyddan nhw'n cael eu cosbi.

Ond y gweithgaredd hamdden mwyaf poblogaidd gan bawb oedd mynd i'r sinema yn y gwesty yn Dinard. Achos yn y fan'no y byddan ni'n edrych ar dimau eraill y gystadleuaeth yn perfformio!

Rwsia, Mehefin 20
Roedd y gweithgareddau hyn yn sicr yn help i gael pawb i ymlacio, yn enwedig felly cyn y gêm yn erbyn Rwsia yn Toulouse. Roeddan ni'n gwybod ei bod hi'n hollbwysig i ni. Roedd posib i ni orffen, ar ddiwedd y gêm, yn unrhyw un o'r pedwar safle yn y grŵp. Tasan ni'n ei cholli mi fyddan ni'n mynd adra. Mae'n rhaid i mi gyfaddef bod fy nerfau i'n rhacs yn mynd i mewn i'r gêm honno. Wedi'r cyfan, roedd Rwsia wedi dal Lloegr i gêm gyfartal.

Dwi'n cofio Gareth Bale yn siarad â'r tîm cyn y gêm ac yn dweud,

"Hogia, 'dan ni'n mynd i fynd allan yna i fwynhau ein hunain. Achos pan fyddwn ni'n mwynhau does neb yn dod yn agos aton ni."

Daeth ei eiriau'n hollol wir. Cafwyd

perfformiad anhygoel gan yr hogia gan ennill yn hawdd o 3 gôl i 0, gyda goliau gan Ramsey, Taylor a Bale. Cafwyd 17 cynnig am y gôl gan Gymru a ni oedd yn rheoli'r chwarae'n llwyr o'r cychwyn cynta. Erbyn y diwedd doedd hogia Rwsia ddim yn yr un cae â ni.

Yn rhyfedd iawn, roeddwn i'n nerfus dros ben yn ystod y gêm. Hyd yn oed pan aeth y gôl gynta, a'r ail, a'r drydedd i mewn, roeddwn i'n dal i deimlo rhyw densiwn. O ganlyniad mi wnes i rywbeth cwbl anarferol – cael can o gwrw ar ddiwedd y gêm i dawelu'r nerfau. Doeddwn i erioed wedi cael y profiad yna o'r blaen!

Roedd y wasg Seisnig y bore wedyn yn canmol Cymru i'r cymylau. 'Russia Blown Apart by Red Machine' oedd un pennawd. Roedd adroddiadau eraill yn disgrifio perfformiad Cymru fel 'stampede', 'dynamic' ac 'adventurous'. Yn ystod y gêm hon hefyd y clywyd cefnogwyr Cymru'n canu 'Don't Take Me Home' ar y terasau am y tro cynta yn ystod y bencampwriaeth. Daeth y geiriau yn fath o anthem iddyn nhw, ac i'r tîm yn ogystal!

Gogledd Iwerddon, Mehefin 25

Roeddan ni drwodd i'r 16 olaf yn y gystadleuaeth ac wedi cyflawni'r dasg roeddan ni wedi ei gosod i ni'n hunain cyn gadael Cymru. Roedd pum diwrnod i baratoi ar gyfer Gogledd Iwerddon yn y gêm nesa, ym Mharis. Roeddan ni'n gwybod eu bod nhw'n dîm disgybledig iawn, a phob aelod yn sicr ynghylch beth oedd ei swydd. Doeddan nhw ddim yn debyg o ddod aton ni'n gyson ond, yn hytrach, eistedd yn ôl gyda'r bwriad o daro trwy wrthymosod yn sydyn.

Mewn gwirionedd, doedd y dacteg honno ddim yn ein siwtio ni. Mi fyddan ni ein hunain yn licio torri'n sydyn ar ôl cyfnod o gymryd rhywfaint o bwysau. Roeddan ni'n gwybod na fasan ni'n cael llawer o gyfleon o flaen y gôl yn eu herbyn nhw. Ac felly y digwyddodd hi. Roedd Gogledd Iwerddon yn wych yn chwarae'r math o gêm roeddan nhw'n gyfforddus â hi. A nhw gafodd y gorau o'r hanner cynta.

Doedd hi ddim yn gêm gyffrous iawn i'w gwylio, ac roedd cefnogwyr Cymru yn anarferol o ddistaw. Ond dechreuodd Cymru chwarae efo mwy o bwrpas yn yr ail hanner, ac unwaith eto mi gymerodd un fflach o ddawn wych Gareth Bale i sicrhau'r fuddugoliaeth o 1 i 0. Gyda diwedd y gêm yn nesáu, taniodd groesiad peryglus i mewn i'r cwrt chwech, gan roi McAuley dan bwysau nes iddo daro'r bêl i'w rwyd ei hun. A dyma gefnogwyr Cymru yn deffro! Ond ar y diwrnod, roeddan nhw'n ail i gefnogwyr Gogledd Iwerddon. Welais i erioed gefnogwyr yn cael cymaint o hwyl mewn cae pêl-droed. Mae'r geiriau 'Wil Grigg's on fire!' yn dal i atseinio yn fy nghlustiau i!

Y noson honno roedd hogia Cymru'n rhyfeddu at ymateb y Gwyddelod i'r canlyniad. Ni oedd drwodd i rownd yr wyth olaf ond mi wnaethon nhw ddal ati i neidio, canu a dawnsio yn y stadiwm am oesoedd ar ôl y gêm. Mi gawson ni ddiwrnod rhydd ym Mharis drannoeth ac mi ges i fwynhau cwmni teulu a ffrindiau oedd wedi dod draw ar gyfer y gêm. Ymunodd Claire, Alun, Gethin a Glesni, ei bartner, Dewi a Meilyr, fy nghefndryd, a Rhys a Pete, fy ffrindiau, â mi wrth i ni grwydro'r ddinas i weld y golygfeydd enwog. Roedd hi'n braf cael anghofio am bêl-droed am ychydig.

Gwlad Belg, Gorffennaf 1
Roeddwn i'n methu credu ein bod ni bellach yn rownd yr wyth olaf ac yn mynd i chwarae yn erbyn y tîm oedd yn cael ei ystyried yn ail orau yn y byd. Dyma fyddai'r trydydd tro i ni eu chwarae nhw mewn pedair blynedd. Y newydd da oedd nad oeddan ni wedi colli yn eu herbyn nhw yn ystod y cyfnod hwnnw. Yn sicr, roedd ganddyn nhw chwaraewyr

anhygoel. Roedd un neu ddau ohonyn nhw ymhlith chwaraewyr gorau'r byd.

Cafodd y gêm ei chynnal yn Lille, sydd ryw 16 km o'r ffin â Gwlad Belg. O ganlyniad mi ddaeth tua 100,000, yn ôl y sôn, o'r wlad honno i'r ddinas i gefnogi eu tîm. Roedd tri chwarter y dorf yn Felgiaid ond fasai neb yn meddwl hynny o glywed y sŵn oedd gan gefnogwyr Cymru.

Erbyn hynny roedd ganddyn nhw anthem arall. Roedd 'Zombie Nation' yn gân a glywson nhw gynta yng Ngwlad Belg, pan chwaraeodd Cymru yn eu herbyn ar Dachwedd 16, 2014, ym Mrwsel yn rowndiau rhagbrofol Ewro 2016. Mi gawson ni gêm gyfartal 0–0 ac roedd pawb wrth eu bodd efo'r canlyniad. Roedd cefnogwyr Cymru mor hapus nes iddyn nhw benderfynu aros yn y stadiwm i ganu gyda'r gerddoriaeth oedd yn dod o'r uchelseinydd. Y gân oedd yn cael ei chwarae drosodd a throsodd oedd 'Zombie Nation'.

Ar ôl rhyw ddwy awr, cafodd Mark Evans, un o staff FA Cymru, alwad ffôn gan reolwr y stadiwm, yn gofyn sut roedd cael cefnogwyr Cymru i adael y stadiwm.

"I've got a suggestion," meddai Mark. "Turn that bloody music off!"

Ers y noson honno mae'r cefnogwyr wrth

eu bodd yn ei chanu hi. Daeth hefyd yn un o'r ddwy gân roeddan ni'r chwaraewyr yn eu canu amlaf ar fws y tîm. Y llall oedd 'Don't Take Me Home'! Yn ddiddorol iawn, mae'n debyg mai ym Mrwsel y clywyd y gân honno gynta hefyd, pan ddechreuodd cefnogwyr Cymru ei chanu ar strydoedd y ddinas ar ôl y gêm gyfartal honno yn erbyn Gwlad Belg.

Ond does dim amheuaeth pa un o'r holl arferion yn Ffrainc a dyfodd i fod yr un mwyaf poblogaidd gan sawl gwlad, a chan ein cefnogwyr ni yn enwedig – yr arferiad clapio ffantastig a gafodd ei gyflwyno i'r twrnament gan gefnogwyr Gwlad yr Iâ. Roeddan ni fel tîm hefyd wrth ein bodd yn ei wneud o!

Chawson ni ddim dechrau da yn erbyn Gwlad Belg yn Lille. Roeddan ni o dan dipyn o bwysau am yr ugain munud cynta. Ond yna fe welson ni un o'r perfformiadau gorau erioed gan dîm Cymru. Er hynny, aethon ni ar ei hôl hi yn gynnar, yn dilyn taran o ergyd gan Nainggolan. Dwi ddim yn meddwl y basan ni wedi stopio honno rhag mynd i'r rhwyd tasa ganddon ni ddau golwr! Ond rydan ni'n gwybod sut i frwydro'n ôl ac, yn raddol, cawson ni afael ar y gêm.

Roedd y gôl gynta yn ganlyniad i ymarfer symudiad clyfar drosodd a throsodd ar y cae hyfforddi – llinell o bedwar chwaraewr yn disgwyl, un y tu ôl i'r llall, am gic gornel. Roedd hyn yn ei gwneud hi'n anodd i amddiffynwyr Gwlad Belg eu marcio nhw. Yna cododd Ashley fel deryn o'u plith i benio'r bêl i gefn y rhwyd. Ymateb Ash yn syth oedd rhedeg draw at weddill y garfan i ddathlu ar ochr y cae. Mae pobl yn dal i siarad am ail gôl Cymru. Yn wir, cafodd ei dewis gan wylwyr teledu fel gôl orau Ewro 2016. Y sgoriwr wrth gwrs oedd Hal Robson-Kanu. Dangosodd, yn null y diweddar Johan Cruyff, sut i guro tri dyn ar bishyn pum ceiniog, a'i gefn at y gôl! Fel Ash, rhedodd Hal hefyd yn syth at y fainc ar ôl sgorio.

Roedd y drydedd yn eisin ar y gacen. Yn ystod y gêm roedd Sam Vokes wedi bod yn eistedd ar y fainc wrth fy ochr i. Ar ôl 81 munud o'r gêm dyma Chris Coleman yn dweud wrtho,

"Go on, Sam, get on there and score a goal!"

O fewn pum munud dyna'n union wnaeth o! Mi gododd yn hyfryd i benio croesiad ardderchog Chris Gunter i gornel ucha'r rhwyd. Dyma ni oedd yn eistedd ar y fainc yn edrych ar ein gilydd.

"'Dan ni yn y *semis* rŵan!"

Ac un neu ddau ohonon ni'n gofyn i ni'n hunain, "Ydan ni mewn breuddwyd?"

Roedd y dorf yn ferw gwyllt. Mi wnaethon ni fel carfan redeg atyn nhw a lansio'n hunain ar ein boliau ar hyd y llawr. Aeth y dathliadau 'mlaen am dipyn o amser yn y stadiwm. Roeddan ni'n aros yn Lille y noson honno ond aeth neb dros ben llestri. Wedi'r cyfan, roeddan ni'n wynebu Portiwgal ymhen pum diwrnod. Ond ynghanol yr holl ddathlu roedd cwmwl du. Oherwydd iddyn nhw gael cerdyn melyn yr un yn y gêm honno, fyddai Aaron a Ben ddim ar gael i chwarae yn erbyn Portiwgal. Roedd hynny'n golled fawr i'r tîm, er cystal wnaeth Andy King a James Collins a ddaeth yn eu lle nhw. Ond, yn fwy na dim, roedd pawb yn teimlo drostyn nhw.

Un peth a roddodd bleser arbennig i mi ynghylch y gêm yn erbyn Gwlad Belg oedd bod Mam a Dad yn y dorf. Mi gawson nhw felly weld gêm fydd yn aros yn y cof am amser maith. Roedd ganddon ni ddiwrnod rhydd yn dilyn y noson fawr ac mi gafodd y tri ohonom amser difyr iawn yn crwydro dinas Lille. Yna, mi roeddan nhw'n symud ymlaen i weld bedd Hedd Wyn ym mynwent Artillery Wood, ger Boezinge, yng Ngwlad Belg.

Portiwgal, Gorffennaf 6

Yn rhyfeddol, roedd Portiwgal wedi cyrraedd y fan hon yn y twrnament heb ennill yr un gêm o fewn y 90 munud arferol. Roeddan nhw hefyd wedi cael taith gymharol dawel. Doedd eu seren, Ronaldo, heb ddisgleirio fawr chwaith. Mewn gwirionedd roedd hynny'n arwydd drwg. Roedd rhyw ddisgwyl y byddai'n gwneud iawn am hynny yn erbyn Cymru, a dyna ddigwyddodd.

Mewn gêm gymharol ddigyffro, Ronaldo ddaeth â'r sbarc oedd yn gyfrifol am y ddwy gôl gawson nhw. Ar ôl 50 munud neidiodd fel samwn i benio croesiad i'r rhwyd, gan lwyddo i godi i uchder y byddai'r rhan fwyaf angen sgaffaldiau i'w gyrraedd. Yna, ychydig funudau wedyn, creodd agoriad i Nani wneud y sgôr yn 2–0. Y farn gyffredin oedd bod Cymru yn edrych fel petaen nhw wedi blino. Yn sicr, roedd Portiwgal yn haeddu ennill.

Ond roedd pawb yn y stadiwm yn Lyon yn gwybod bod Cymru wedi cyflawni camp aruthrol wrth gyrraedd y rownd gynderfynol. Roeddan nhw hefyd wedi gwneud argraff fawr ar bawb, fel yn wir roedd ein cefnogwyr, gyda'u brwdfrydedd cyfeillgar a'u canu gwych. Ar ddiwedd y gêm cerddodd y garfan at y gongl lle roedd y rhan fwyaf ohonyn nhw. Wrth i ni afael yn ein gilydd yn un cylch mawr o'u blaenau nhw, dyma Ash yn dweud gair:

"'Dan ni'n siomedig, ond does neb i fynd o 'ma heno heb wenu. Achos mi rydan ni wedi cael cythral o amser da. Faswn i ddim yn newid dim am eiliad. A rŵan rydan ni isio diolch i'r bobl sy wedi troi allan i'n cefnogi ni ar hyd y ffordd. Felly, mi rydan ni i gyd fel un yn mynd i ddangos i'n cefnogwyr ni pa mor ddiolchgar rydan ni."

Does dim dwywaith bod dylanwad y cefnogwyr wedi bod yn aruthrol. Ar gyfer pob gêm roeddan nhw yno yn eu miloedd. Yn ôl y sôn, aeth tua 50,000 ohonyn nhw i Baris. Os nad oeddan nhw'n gallu cael tocynnau i'r gemau mi fyddan nhw'n tyrru i'r canolfannau cefnogi. Roedd eu cael nhw yno yn cyfrannu'n fawr at y bwrlwm a'r brwdfrydedd oedd yn gymaint o ysbrydoliaeth i ni ar hyd y daith yn Ffrainc.

11

Adra

Pan ddaeth yr amser, roeddan ni i gyd yn barod i fynd adra. Dwi'n cofio'r adeg pan oedd tua deg o bobl yn aros i'n croesawu ni'n ôl ym Maes Awyr Caerdydd. Roeddan ni'n amau y byddai hi ychydig yn wahanol y tro hwn. Roeddan ni wedi cael ambell neges o adra yn cyfeirio at y 'buzz' roedd y tîm wedi'i godi drwy'r wlad, a dwedodd Mam fod cerdded i lawr y stryd ym Mhen-y-groes wedi bod yn donic. Roedd pawb yno fel petaen nhw mewn hwyliau arbennig o dda yn ystod y gystadleuaeth. Roedd Nain Amlwch, hyd yn oed, na fyddai byth yn edrych ar bêl-droed ar y teledu, wedi ei swyno gan y digwyddiadau yn Ffrainc.

Er hynny, doeddan ni ddim yn disgwyl y math o dderbyniad gawson ni ar ôl cyrraedd Caerdydd. Yn y maes awyr i ddechrau, lle roedd môr o goch i'n croesawu ni. Roedd hwnnw'n brofiad gwefreiddiol. Mi gymerodd hi oes i ni frwydro'n ffordd i'r bws fyddai'n mynd â ni i ganol y ddinas. Roedd y croeso yn y fan'no'n fwy o syndod fyth! Pan agorodd drysau'r castell, y sioc gynta oedd y sŵn byddarol a ddaeth o'r dorf oedd yn ein disgwyl ni ar y lonydd y tu allan. Yna, roedd y daith ar y bws agored i'r Bae yn rhyfeddol. Roedd gweld y miloedd ar filoedd oedd wedi troi allan i'n cyfarch ni yn mynd â gwynt rhywun.

Roeddan ni wedi sylweddoli yn Ffrainc bod yr hyn gyflawnon ni yno yn mynd i godi proffil y gêm yng Nghymru. Ond mi wnaeth y daith fws honno ddangos un peth pwysig arall i mi, sef ein bod ni wedi gwneud i bobl sylweddoli pa mor bwysig yw'r genedl Gymreig i ni i gyd.

Daeth y diwrnod dathlu i ben gyda sioe yn Stadiwm Dinas Caerdydd. Wedyn roedd parti mawr i'r chwaraewyr, y staff, eu teuluoedd a'u ffrindiau. Yn dilyn y croeso anhygoel hwnnw yng Nghaerdydd mi es i'n syth i Ben-y-groes at fy rhieni. Roeddwn i wrth fy modd yn cael bod adra a chael treulio amser gyda Lewis, Ioan a Marged, plant bach Alun. Roeddan nhw wedi gwirioni cael bod yn y parti hwnnw a chael tynnu eu llun gydag Aaron Ramsey a Joe Allen!

Yn rhyfedd iawn, roedd hi'n anodd anghofio am rai o arferion Ffrainc. Ar y dechrau roeddwn i'n hanner disgwyl rhaglen i ddweud beth ddylwn i fod yn ei wneud ar adegau arbennig.

Mi fyddwn yn holi rhyw gwestiynau i mi fy hun, fel "Be dwi i fod i'w wisgo heddiw? Pryd dwi i fod i fynd i lawr i gael brecwast? Pryd mae cinio?" Roedd *regime* Ffrainc yn dal efo fi!

Treuliais ryw wythnos ym Mhen-y-groes ac aeth rhan fawr o'r amser hwnnw i drefnu fy arddangosfa gynta o luniau. Roedd hynny'n gyffrous iawn. Yna, cafodd Claire a fi ychydig o wyliau cyn mynd yn ôl i Inverness. Ces groeso brwd yn ôl yno. Roedd y clwb wedi bod y tu ôl i dîm Cymru ar hyd y ffordd yn Ffrainc. Yn ystod y gemau yno roedd sgarff Cymru wedi cael lle amlwg yng nghyntedd y clwb. Hyd yn oed ar gaeau Ffrainc, gwelais ambell gefnogwr o Inverness yn y dorf yn gwisgo crys y clwb. Roedd hynny'n rhoi hwb i mi gan wneud i mi deimlo bod y Calis yno efo fi.

Ymhen tipyn roeddwn i'n ôl yng nghwmni hogia carfan Cymru. Roedd ganddon ni waith paratoi ar gyfer gêm yn rowndiau rhagbrofol Cwpan y Byd 2018 yn erbyn Moldofa. Roedd ein campau ni yn Ffrainc yn golygu ein bod ni bellach yn rhif 10 ar restr FIFA, yn uwch na gwledydd fel Lloegr a Sbaen. Mae hynny'n golygu bod tipyn o bwysau arnon ni i lwyddo yn y gystadleuaeth nesa.

O ran y gôl-geidwad, mae ganddon ni hyfforddwr newydd, sef Tony Roberts, a chwaraeodd i Gymru yn y 1990au. Mae o eisoes wedi cyflwyno ambell newid a dwi'n edrych ymlaen at weithio efo fo. Pan oeddwn i'n bymtheg oed ffoniodd Tony ar ran clwb QPR. Roedd o am i fi fynd yno ar dreial ond doedd hi ddim yn sgwrs gall iawn, oherwydd doedd ganddo fo ddim llawer o Gymraeg a doeddwn i ddim yn siarad fawr o Saesneg bryd hynny!

Dwi'n edrych ymlaen yn fawr at y gystadleuaeth newydd. Ar ôl dweud hynny, dwi'n siŵr y bydd hi'n anodd curo'r cyffro a gawson ni yn Ffrainc. Mi weithiodd pob peth mor dda yno – y tactegau a'r gwaith paratoi, gydag Osian yn chwarae rhan bwysig iawn yn y llwyddiant hwnnw, a safon uchel y chwarae ar y cae. Ar ben hynny roedd y ffordd yr oedd yr holl staff yn edrych ar ein holau ni yn arbennig iawn. Yn goron ar y cyfan roedd y gefnogaeth frwd gawson ni ar hyd y daith gan ddilynwyr tîm Cymru.

Wrth gwrs, yr un oedd yn llywio ein rhaglen ni mor effeithiol oedd Chris. Fel cyn-chwaraewr roedd o'n gwybod yn union sut roedd yr hogia'n teimlo ar adegau gwahanol. Os oeddan nhw wedi blino, roedd o'n gwybod yn iawn sut i ymateb. Os oeddan nhw'n ddigalon, mi fyddai'n gallu codi eu hysbryd nhw. Os oedd angen tynnu pwysau oddi arnyn nhw, roedd ganddo ateb.

Mae'r profiadau dwi wedi eu cael ar hyd y daith yn rhai cymysg iawn – o ymladd am fy mywyd yn Alder Hey i wireddu breuddwydion yn Ffrainc. Dyna ddau begwn pell iawn oddi wrth ei gilydd. Dwi wedi dysgu, beth bynnag fo'r her sydd yn ein hwynebu, trwy waith caled, cydweithio a chyd-dynnu mae'n bosib cyflawni unrhyw beth.

Dyna oedd yn gyfrifol am sicrhau bod ein profiad ni o Ewro 2016 yn un sbesial iawn. Wnawn ni byth ei anghofio! Ond er mor bwysig yw edrych yn ôl, mae'r dyfodol yn bwysicach. Dwi'n gobeithio y gallwn ni fel cenedl elwa o'r hyn gyflawnon ni yn ystod 2016 ac y byddwn ni, fel Cymry, wastad 'Gyda'n gilydd yn gryfach'.

Llongyfarchiadau ar gwblhau un o lyfrau Stori Sydyn 2017

Mae prosiect Stori Sydyn, sy'n cynnwys llyfrau bachog a byr, wedi'i gynllunio er mwyn denu darllenwyr yn ôl i'r arfer o ddarllen, a gwneud hynny er mwynhad. Gobeithiwn, felly, eich bod wedi mwynhau'r llyfr hwn.

Hoffi rhannu?

Gall eich barn chi wneud y prosiect hwn yn well. Nawr eich bod wedi darllen un o lyfrau'r gyfres Stori Sydyn, ewch i www.darllencymru.org.uk i roi eich sylwadau neu defnyddiwch @storisydyn2017 ar Twitter.

Pam dewis y llyfr hwn?
Beth oeddech chi'n ei hoffi am y llyfr?
Beth yw eich barn am y gyfres Stori Sydyn?
Pa Stori Sydyn hoffech chi ei gweld yn y dyfodol?

Beth nesaf?

Nawr eich bod wedi gorffen un llyfr Stori Sydyn – beth am ddarllen un arall? Edrychwch am deitl arall cyfres Stori Sydyn 2017.

Y Stelciwr
– Manon Steffan Ros